LE BON SENS

PROCÈS DE M. L'ABBÉ THÉOLIÈRE

CONTRE

S. E. le Cardinal de Bonald, Archevêque de Lyon,

AFFAIRE EXAMINÉE AUX POINTS DE VUE DES DROITS NATUREL,

ECCLÉSIASTIQUE ET CIVIL,

D'APRÈS DES DOCUMENTS AUTHENTIQUES

SUIVIE D'UNE NOTE SUR LA COUR ROMAINE

> Là-dessus le loup l'emporte,
> Et le mange sans autre forme de procès.
>
> (LA FONTAINE.)

Deuxième Édition

SE TROUVE DANS LES LIBRAIRIES :

Lyon. Mme Ve HEINE, rue Bourbon ; MM. MÉRA, rue Impériale, 15 ; METON, quai des Célestins, 7 ; EVRARD, rue Impériale, 52 ; GLAIRON, place Bellecour, 8.

St-Etienne. M. BERTHELIER, rue de Foy, 15.

...e. M. BRUN.

APPEL AU BON SENS

DANS L'AFFAIRE

Entre M. l'abbé Théolière et Mgr le Cardinal de Bonald, archevêque de Lyon,

AFFAIRE EXAMINÉE AUX POINTS DE VUE DES DROITS NATUREL, ECCLÉSIASTIQUE ET CIVIL,

D'APRÈS DES DOCUMENTS AUTHENTIQUES

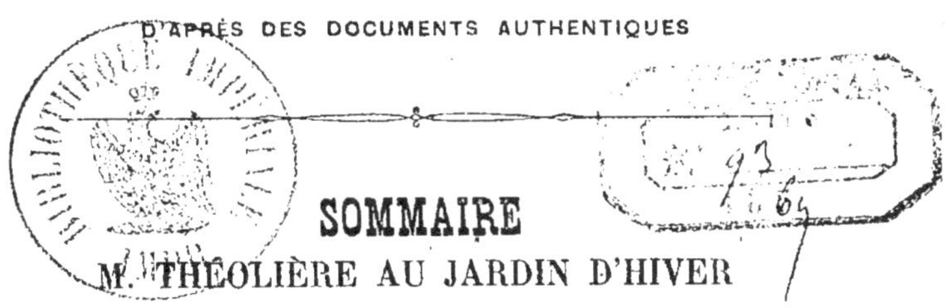

SOMMAIRE

M. THÉOLIÈRE AU JARDIN D'HIVER

1° **Théodose-le-Grand, saint Martin, et Mgr de Bonald. — 2° Un prêtre peut-il posséder? — 3° Comment M. Théolière s'est trouvé engagé au jardin d'hiver. Ce qu'était ce jardin. — 4° Conseil de M. de Chantelauze. — 5° Décision de M. Barou, vicaire-général.**

1° Le grand Théodose avait porté ce décret : « Si quelqu'un, oubliant
« les règles de la modération et des convenances, a cru pouvoir attaquer
« notre nom par des propos outrageants..., si dans un esprit de révolte
« il a décrié notre règne... et nos lois, notre volonté impériale est qu'on
« ne le soumette à aucune poursuite. S'il a parlé par égarement, il faut
« le plaindre; si c'est par malice, notre clémence se trouve heureuse de
« lui pardonner (1). »

Sous le règne de cet empereur, Martin, évêque de Tours, pressé de
déposer un prêtre qui, aux désordres de sa vie (2), joignait les injures
contre lui, avait toujours résisté. « J'aurais l'air, disait-il, d'exercer une
vengeance personnelle. »

Cette modération d'un guerrier et d'un évêque n'eût pas déplu dans
Mgr de Bonald, en présence du *Cri d'une Victime*, quoique son concile
de Lyon exige une autorisation de l'évêque pour la publication de questions canoniques. Mais Son Eminence a cru pouvoir venger ce point, en
réduisant M. l'abbé Théolière à la famine. Qui n'appréciera à son vrai
point de vue ce zèle pour un obscur concile? Aux faits!...

2° « Quelle était ma position en 1849, dit M. Théolière? Je n'occupais
« aucun poste, et conséquemment j'étais livré à mes seules ressources;
« de plus, j'étais obligé d'avoir soin et de faire les affaires de ma sœur
« Henriette, devenue prématurément infirme (3). » Au rapport des
prêtres qui, même avant 1859, exerçaient le ministère à Montbrison, son
pays natal, M. Théolière avait une sœur infirme. Il y a deux témoins
haut placés de ce fait : M. Pagnon, vicaire-général, ancien supérieur du
petit séminaire de cette ville, et M. le chanoine Crozet, ancien curé de

---

(1) Loi de l'empereur Théodose du 9 août 393.

(2) C'était le futur évêque Saint-Brice.

(3) *Cri d'une Victime*, p. 21.

Notre-Dame. Voilà donc un point bien établi, et qui n'a pas peu d'importance.

« Cette sœur, continue M. l'abbé, me pria de placer une partie de son « patrimoine dans l'industrie. Je confiai cette somme à quelqu'un... qui « en acheta des soies, et m'accusa au bout de trois mois un assez beau « bénéfice. » Cette conduite est justifiée par le clergé de Lyon, qui vient d'établir une caisse de prévoyance, sous les auspices de Mgr de Bonald.

Du reste, que ceux à qui cent francs mangés par jour paraissent une vie tout au plus honnête, ne viennent pas prêcher à M. Théolière l'esprit de pauvreté de saint François d'Assises.

Mais pourquoi, direz-vous, tant de bruit pour une somme peu considérable? Ce n'était d'abord que vingt mille francs. Mais sa sœur étant infirme, c'était considérable pour lui.

Donc, dans ce placement, il n'y avait pour un prêtre absolument rien de contraire à la foi ou aux mœurs, à moins qu'aujourd'hui une nouvelle doctrine ne permette de posséder des biens qu'aux gens habitués aux grands festins. Mais qui a mis en doute que le prêtre puisse posséder des biens? Il le peut bien puisque les évêques le peuvent. « Les évêques, dit saint Thomas (1), ne s'obligent pas dans leur ordination à vivre sans rien posséder en propre; cela n'est pas non plus nécessairement requis pour les fonctions pastorales auxquelles ils se dévouent. Les prêtres ne sont pas plus qu'eux tenus à vivre sans avoir rien en propre.

En recevant la tonsure, le clerc ne s'oblige pas à ne rien posséder. Du reste, ce que Dieu commande, c'est le détachement des biens de la terre. Abraham, quoique très-riche, était un très-saint personnage.

Pour finir, l'Eglise, le pape et les évêques possèdent; il ne peut pas y avoir deux évangiles : l'un pour les chefs, l'autre pour les simples prêtres.

Donc point de difficulté que M. Théolière ne confiât l'argent de sa sœur infirme et le sien à M. Vallon, pour que celui-ci le fît valoir dans l'industrie.

Mais que voulait faire M. Théolière de ses revenus? Ce n'est pas la question. Ce respectable ecclésiastique a autant de charité qu'un autre, pouvait tout aussi bien qu'un autre donner pour la construction de la chapelle du grand séminaire, ou encore mieux à la propagation de la foi. Du reste, quand même, par cette industrie *exercée par un autre que par lui*, il se serait recommandé au souvenir d'un neveu ou d'une nièce, qui se mariait, si vous voulez, il ne l'aurait pas fait avec les revenus de l'Eglise, denier de la veuve et de l'orphelin.

Pour mon compte, si j'avais sur les épaules une charge d'âmes, j'aimerais mieux devoir ma subsistance au résultat de mon industrie qu'à des aumônes qui risquent d'être accompagnées des gémissements d'un homme gagnant son pain à la sueur de son front, et disant comme S. E. : Que veut-il faire de mon argent? Il m'en coûterait terriblement d'être à charge à quelqu'un. *Ne quem gravaremus*, disait l'archevêque saint Paul. (2 *Thess.*, II, 9.)

Donc, jusqu'à présent, il n'y a aucun grief à faire valoir contre M. l'abbé, dès lors il n'a fait que ce que font les évêques, le pape et toute l'Eglise.

(1) *De Statu perfectionis*, II, 11, p. 185, art. 6.

3° Mais voici une autre histoire. Vallon, sans croire qu'il fût nécessaire d'en référer à M. Théolière absent pour un long voyage, vu l'occasion urgente de faire un bon coup, Vallon emploie les fonds de celui-ci à acheter le Jardin d'Hiver.

« C'était, dit le *Cri d'une Victime*, un jardin en grande partie couvert, qui avait coûté seulement à établir, environ huit cent mille francs. Là, étaient des serres magnifiques, remplies des plantes tropicales les plus rares, au milieu de cascades et de grottes variées, de promenades ravissantes, et des salles splendides pour recevoir la société aristocratique de Lyon ; en un mot, c'était un grandiose jardin d'hiver, chauffé par d'immenses calorifères, et splendidement éclairé au gaz. » Son emplacement sur le quai du Rhône, entre le pont Morand et le nouveau parc, but de promenade de toute cette grande ville, en face du lieu ou s'élève aujourd'hui l'église de la Rédemption ; en un mot, dans le plus beau site de Lyon, ajoutait une valeur considérable à cet établissement. « Les abonnés ou actionnaires pouvaient seuls y venir chercher une société choisie, y lire les journaux, s'y promener, s'y rafraichir; la porte en était fermée aux courtisannes. *Rien donc dans la nature de l'objet n'était mauvais.* Si plus tard il devait être ouvert aux bals, ce n'était que provisoirement. »

Au reste, l'état normal du Jardin d'Hiver, au témoignage de tout le monde, était simplement d'être un lieu de promenade. M. de Verclos, lui-même, professeur éminent du grand séminaire de Lyon, accompagné d'un séminariste, demanda à le visiter, vers 1850.

En vérité M. Théolière est-il coupable ? En quoi ? Mais qui sera assez dépourvu de raison pour lui imputer ce qui n'a pas dépendu de sa volonté ? Il n'était pas à Lyon au moment de cet achat, et il n'a pas été consulté. Doit-il avoir peur des canons de l'Eglise ? mais ils sont fondés sur la raison.

A son retour à Lyon, que fit M. Théolière ? « Ne sachant ce qu'il en « était, dit-il (*Cri*, p. 22), sur la destination récente du Jardin d'Hiver, « je crus devoir prendre des informations, et d'après ce que je pus « recueillir, je fus trouver Vallon pour *le prier de convertir cette opération* « *qui ne convenait pas à ma sœur, et encore moins à moi, vu ma qualité.*

— « Je m'en garderai bien, dit Vallon, c'est une opération magnifique.

— « Alors rendez-moi les vingt mille francs.

— « Impossible pour le moment. »

Chrétien lecteur, qu'y avait-il à faire, et qu'auriez-vous fait à la place de M. Théolière? L'argent de sa sœur infirme lui appartenait-il? Comme il avait pris cet argent sous sa responsabilité, en conscience, n'était-il pas obligé d'en prendre soin ? Quand aux droits de M. Théolière lui-même, devait-il y renoncer parce qu'ils étaient placés au Jardin d'Hiver ? l'auriez-vous fait vous, qui que vous soyez, si grands que soient vos revenus ?

Néanmoins, ce placement au Jardin d'Hiver chagrina M. Théolière. Il était d'une famille digne de toute considération. Neveu de l'ancien ministre de Charles X, M. de Chantelauze, il en avait toute l'affection et toute l'estime, et en avait reçu toute espèce de soins. Sa famille peut dire combien son oncle l'aimait. M. l'abbé Théolière n'eût pas voulu pour tout au monde s'engager dans des affaires de cette nature? Est-il vraisemblable en effet, que ce monsieur qui jouissait de l'estime universelle, qui était regardé même à Roanne, qui n'est pas son pays, comme un prêtre très-recommandable, est-il vraisenblable qu'il eût pris tout à coup fantaisie de faire une spéculation prêtant à la critique, et capable de le compromettre ?

Gare les pharisiens, et tous les bénins dévots qui se croient les plus grands saints du monde, dignes de, juger les douze tribus d'Israël *(judicantes duodecim tribus Israël)*, qu'ils portent la robe d'avocat ou toute autre toge ! M. l'abbé Théolière dut se figurer plus d'un discours de Cicéron sauvage, fait en style pharisaïque. Il s'alarma à ces tristes pensées, bien plus à cause de l'honneur ecclésiastique que du tort réel que ces bavardages pourraient faire à sa personne. M. Bissardon, curé des Chartreux, et autres ecclésiastiques distingués, savaient bien pourtant à quoi s'en tenir.

4° M. Théolière fut consulter son oncle, homme incapable de donner un mauvais conseil. Celui-ci lui dit : « Tu ne peux pas prendre hypothèque, « puisque c'est sur un terrain appartenant aux hospices, il n'y a pas d'autres « sûretés à prendre, en attendant qu'il puisse rembourser, que de lui « demander un acte de société en commandite. » Il fit cette proposition à Vallon qui, ne pouvant rembourser les 20,000 francs, répondit : « La somme étant relativement modique, je ne puis la faire porter que sur la buvette » (c'est-à-dire la brasserie). Il fallut bien en passer par là, ou n'avoir aucune garantie. C'était une dure néccessité, dit M. l'abbé, toujours et surtout à cause de ma qualité ecclésiastique. »

D'après les renseignements que j'ai pris, la brasserie était indépendante du Jardin d'Hiver, et fournissait la bière à qui en voulait, notamment aux visiteurs du parc de la Tête-d'Or ; ce qui confirme ces mots de M. Théolière : « Il y avait au Jardin d'Hiver deux sociétés, l'une était proprié-« taire du droit d'y donner telle fête qui lui conviendrait ; manège, lutte, « séance de prestidigitation, concerts, fête dansante, etc. L'autre société « était *exclusivement* propriétaire du droit d'y établir une brasserie per-« manente, plus de fournir toute la consommation ; ma commandite « reposait uniquement sur cette dernière......, et je n'avais aucune part « aux bénéfices des bals, ni du petit théâtre......, et je n'avais en consé-« quence droit ni d'y donner telle fête dansante, ni de l'empêcher. »

Si la mauvaise foi voit ici du scandale, il n'y aura pas dans tout l'univers un lieu exempt d'infâmie : Paradis terrestre, témoin de là chute de l'homme, lieu infâme ! Eglise de Saint-Etienne du Mont, et cathédrale de Cantorbéry où deux archevêques, messeigneurs Sibour et Thomas, ont succombé sous les coups des assassins, lieux infâmes ! etc., etc.

Le propriétaire d'une maison pourrait souvent mériter la censure, à ce titre seul qu'un de ses locataires se conduit mal. Et les hospices (Hôtels-Dieu) propriétaires du terrain du Jardin d'Hiver !

5° M. Théolière fit en cette circonstance ce que peut-être tout autre ecclésiastique recommandable ne se fût pas cru obligé de faire ; mais enfin il se mit hors de blâme en faisant tout ce qu'il pouvait faire. Il alla confier son embarras à M. Barou, vicaire-général. Vous ne pourrez moins faire que d'admirer avec moi le respect et l'obéissance de M. Théolière envers l'autorité ! On sait combien il en coûte quelqefois pour aborder un homme haut placé ; on les va visiter le moins possible, car on tremble rien que en les voyant : il lui fallut un grand courage pour passer par dessus la répugnance, et aller parler à un grand-vicaire de cette affaire très-délicate. Flatté de cette communication, M. Barou compatit aux ennuis de M. Théolière trompé, et lui dit pour terminer : « Pourvu que ce ne soit pas vous qui organisiez les fêtes, nous n'avons rien à y voir. Vos fonds étant placés là, *vous devez bien voir les livres*, et prendre vos précautions ; seulement vous ferez bien de les retirer de là, le plus tôt que vous pourrez. »

Je ne vois pas maintenant pourquoi on lui a fait un crime d'avoir été aperçu au Jardin d'Hiver, vêtu d'un redingote noire et portant lunettes. Que veut-on prouver par là ? Ceci ne fait rien à la question. N'avait-il pas le droit d'aller voir les livres de comptes ? 1° Il en avait le droit naturel ; 2° et de plus M. Barou l'y avait autorisé.

M. Théolière m'a dit à ce sujet : « M. Barou m'avait autorisé à aller
« voir les livres du bureau, je n'y suis pas allé. On a pris pour moi un
« jardinier-chef, portant lunette et redingote noire, qui, aux heures de
« fêtes, circulait dans les allées pour empêcher les gens de marcher sur
« les plantes de massif. Mais je me serais bien donné de garde d'y mettre
« les pieds en pareille circonstance, n'étant pas jaloux de me faire une
« réputation de folie. »

Mais il fallait bien pourtant qu'il allât au Jardin d'Hiver pour veiller aux intérêts de sa sœur infirme, et pour trouver moyen de sauvegarder son patrimoine.

Et quand sa présence y aurait bien effarouché quelques serins et perdrix ; quand la vue d'un prêtre aurait réveillé quelques remords, gêné les rendez-vous, empêché quelques bals, au risque de provoquer contre lui les colères et les animosités qui, pour s'en venger, seraient allés gémir aux fenêtres de quelques basses-cours, quel grand mal ?

On se souvient que Néron fit mourir Saint Paul parce qu'il lui avait converti une courtisane ; M. Théolière n'aurait-il pas été l'objet de la colère de quelque courtisan troublé par un remords dans sa partie de plaisir, ou d'une Junon pleine de ressentiment.

> *Manet alta mente repostum*
> *Judicium Paridis, sprætæque injuria formæ.*

II

DU DROIT DE PLAIDER.

**1° Plaider est chose non-seulement permise, mais quelquefois
même obligatoire. — 2° Premier procès et menaces du Cardinal.
— 3° Le Cardinal revient de sa première sentence. — 4° Procès
gagné, mais l'impression faite par les menaces demeure dans
le public.**

1° Le sieur Vallon perdit sa femme, et vint dire à M. Théolière que pour rembourser une légitime assez forte, il avait vendu le Jardin d'Hiver à un nommé Guillaud, mais sous réserve des droits de son associé. (4 mai 1852.) (1)

« Je fus immédiatement trouver Guillaud, dit M. Théolière, je lui
« proposai de me rembourser les 20,000 fr. de ma commandite. »

(1) *Cri d'une Victime*, p. 195.

— Je ne reconnais du tout pas cette créance-là, répliqua-t-il brusquement, je ne fais que rentrer dans mes fonds.

Et cependant, sans une réserve en faveur de la société en commandite, la vente était nulle, quoique Guillaud eût le bras long, ayant pour parent M. Devienne, premier magistrat du parquet, et une sœur mariée à Léon Aubineau, un des rédacteurs de *l'Univers*, ce journal qui fait la loi à l'Eglise de France. M. Théolière fit part de son affaire à un chanoine qui connaissait Guillaud. Ce chanoine lui répondit : C'est un entêté, il ne m'écoutera pas, il n'écoute même pas sa mère; vous ne pourrez rien obtenir de lui, si ce n'est devant les tribunaux. Il fallut donc se résigner à un premier procès.

Un prêtre peut-il soutenir un procès pour une affaire comme celle du Jardin d'Hiver, dira un dévot peu ou point éclairé de n'importe quelle confrérie? C'est demander si un prêtre peut dire à un industriel : Je vous donne le bien qui ne m'appartient pas!

Faut-il, dit saint Thomas, abandonner des biens temporels à cause du scandale? (II, II, *Question* 43e, article 8.)

Non : saint Thomas de Cantorbéry réclama les biens ecclésiastiques, malgré le scandale du roi.

Au sujet des biens temporels, il faut distinguer : ou bien ils sont à nous, *ou bien ils nous ont été confiés pour les garder,* comme les biens de l'Eglise sont confiés aux prélats, et les biens communs de l'Etat à ses chefs (ou comme les biens d'un pupille à un tuteur). La conservation de ces biens est un devoir de rigueur, comme celle d'un dépôt, pour ceux à qui ils ont été confiés; c'est pourquoi *on ne doit point les abandonner, à cause du scandale, pas plus que les choses qui sont de nécessité de salut.* Quant aux biens temporels dont nous sommes les maîtres, nous devons quelquefois les sacrifier à cause du scandale, soit en les donnant, si nous les avons à notre disposition, soit en ne les réclamant pas, s'ils sont en des mains étrangères; et, *quelquefois nous ne devons pas les sacrifier.* Car si le scandale provient de l'ignorance ou de la faiblesse, ce que nous avons appelé le scandale des faibles, on doit alors ou sacrifier tout à fait les biens temporels, ou *apaiser le scandale par quelque explication préalable.*

De là ces mots de saint Augustin : « Il faut donner sans porter préjudice « ni à vous, ni à d'autres, autant que l'homme peut en juger; et si vous « refusez une chose à quelqu'un, il faut lui faire connaître la justice de « votre refus; vous lui donnerez avec plus de fruit, par cela même que « que vous aurez résisté à son injuste demande. »

Quelquefois, aussi, le scandale provient de la malice, ce qui constitue le scandale pharisaïque; et l'on ne doit pas renoncer aux biens temporels, à cause de ceux qui excitent de pareils scandales, parce que cela nuirait au bien commun; car on donnerait aux méchants l'occasion de ravir le bien d'autrui; cela nuirait aussi aux ravisseurs eux-mêmes, qui, en retenant le bien d'autrui, resteraient dans le péché. Il y en a, dit saint Grégoire (Moral, 31, 8), que nous devons seulement tolérer, quand ils nous ravissent des biens temporels; mais il en est d'autres que nous devons empêcher en bonne justice, non-seulement pour qu'ils ne nous ravissent point ce qui nous appartient, mais encore de peur qu'en dérobant le bien d'autrui, ils ne se perdent eux-mêmes.

2° Si l'on permettait aux méchants de ravir le bien d'autrui, cela tournerait au préjudice de la vérité, de la vie et de la justice. Et voilà pourquoi il ne faut pas, pour quel scandale que ce soit, renoncer aux choses temporelles. *Et ideò non oportet propter quodcumque scandalum temporalia dimitti.* Ainsi parle saint Thomas d'Aquin.

Aussi aucun canon de l'Eglise ne défend aux ecclésiastiques d'avoir recours aux tribunaux pour leurs droits, l'Eglise ne peut pas faire des règlements opposés à la justice, et favoriser les voleurs qui n'auraient rien de mieux à faire que de s'attaquer aux ecclésiastiques.

Camus, évêque de Belley, demandait à saint François de Sales : Plaideriez-vous si l'on vous troublait dans les revenus de votre évêché ?

— N'en doutez pas, lui dit-il, et je vendrai la patène pour défendre le calice.

— Mais quoi ! vous solliciteriez vous-même ?

— Oui, dit-il, si c'était une pure nécessité ; mais comme j'en touche le revenu par procureur, je pourrais bien aussi plaider par solliciteur ; *mais de ma part j'écrirais*, et je remuerais toute pierre pour défendre le bien de ma crosse (1).

Ce grand homme se serait-il permis une chose indigne d'un ecclésiastique ? Or, le dépôt confié à quelqu'un est bien aussi sacré que les biens de l'Eglise. Mgr de Dreux-Brézé a soutenu et perdu un procès, pour un testament fait en faveur du duc de Chambord.

Mgr de Bonald a plaidé et gagné un procès contre les héritiers indigents de Mlle de la Balmondière (2).

Saint Thomas de Cantorbéry, patron de Fourvière, est mort pour la défense des biens de son Eglise.

L'affaire de M. Théolière fut donc portée à la deuxième chambre du Tribunal civil, présidée par M. Chetard. Or, l'avocat de Guillaud, dans sa plaidoirie, lut à la barre une lettre de Son Eminence, terminée par ces mots étonnants : « *Si j'avais su plutôt de quoi il s'agissait, j'aurais poursuivi M. l'abbé Théolière de peines canoniques.* » C'était le 27 juillet 1852. (2)

C'est ainsi que Son Eminence lui donnait de ses nouvelles. En plein tribunal, sans autre forme de procès, sans l'avoir averti, il faut vite porter un coup à M. Théolière et dépêchons-nous.

Quoique le principe évangélique : *Reprenez votre frère seul à seul,* ait été oublié en ce cas, quoique les menaces du cardinal fussent anticanoniques, leur dénonciation au tribunal plus anticanonique encore, l'avocat de l'autre partie était loin de les regarder comme étrangères et inutiles à sa cause. L'avocat de M. Théolière, maitre Roche, vit bien où cela tombait, et se tournant vers lui : Qu'est-ce que cela, dit-il d'un air épouvanté ? Ce n'est rien, répond M. Théolière avec sang-froid, plaidez toujours, je verrai le cardinal.

A l'issu de l'audience, raconte-t-il, je me présente à l'archevêché, et je dis au cardinal : Eminence, il y a six ans que je n'ai pas eu l'honneur de vous rendre visite, je ne vous ennuie pas beaucoup, mais aujourd'hui je viens d'entendre lire à l'audience une lettre de vous.

(1) *Esprit de saint François de Sales,* partie X, chap. XI.

(2) *Cri,* p. 152.

(3) *Cri,* p. 24, et la note de la page 294.

— Ah ! oui, un homme d'affaires est venu me parler de cela.

— Comment se fait-il, Eminence, que vous receviez la dénonciation intéressée de mon avocat adversaire ou de son avoué, sans faire appeler les miens, ou sans me mander moi-même ? Savez-vous qu'il est question de vingt mille francs, pour le moment, et que c'est beaucoup pour moi.

— Je ne savais pas cela. *Soignez bien vos intérêts.*

Son Eminence eut même la bonté de me proposer son avoué, M. Arnoud. Je le remerciai, mon choix était fait. (Il avait M. Gros, premier avoué de Lyon.) Mais je lui fit observer qu'il ne me serait pas inutile de me donner une lettre pour le président du tribunal, ce qu'il fit de très-bonne grâce. Il y disait : « *Ayant été mal informé, je prie le Tribunal de regarder ma dernière lettre comme non avenue.* » Je gagnai le procès (quoiqu'il manquât une signature à la pièce principale) (1).

Mais comme Son Eminence l'a condamné et absout facilement ! La partie intéressée a fait valoir tout ce qu'elle a pu contre lui. Le cardinal, sans prendre avis de son conseil, ni consulter les hommes d'affaires de M. Théolière, ni les pièces essentielles, sans tenir compte de la passion d'un accusateur, prend ce qu'il lui dit pour argent comptant, s'enflamme, et donne sur-le-champ une lettre contre M. Théolière. Celui-ci à son tour donne une petite explication, sans même produire ses titres, il est cru sur parole, et reçoit à l'instant une lettre justificative. Légèreté impardonnable dans une affaire grave. C'est donner le dessus au plus rusé. Pourquoi ne pas appeler les hommes d'affaires, ne pas entendre les deux partis l'un après l'autre, examiner leurs titres, puis les faire paraître ensemble, et procéder froidement et avec attention. — Ce serait trop long. — Vous avez pourtant consenti à devenir évêque. Est-ce que les affaires de l'Eglise se régissent de cette manière ? Non-seulement les particuliers, mais encore les paroisses, les diocèses, l'Eglise tout entière en sont victimes.

La seule menace des peines canoniques eût pour M. Théolière de terribles conséquences. Histoire de la femme et du secret : on dit que c'était un interdit. Et comme la nature humaine croit plus facilement le bien que le mal, on ne fit pas attention à la seconde lettre du cardinal, et l'on ne s'occupa que de la première. Bien plus, ses adversaires condamnés par M. Chetard, loin de déchirer cette lettre menaçante, la colportèrent partout (2). De là une déconsidération même dans le monde ecclésiastique, qui regardait M. l'abbé du coin de l'œil, et se permettait des commentaires. « Il y a eu des histoires sur M. Théolière. — Quoi donc ? — Est-ce que vous ne le savez pas ? — Non. — Le cardinal est venu mettre le holà dans l'affaire du Jardin d'Hiver. — Au Jardin d'Hiver ? — Oui au Jardin d'Hiver. — Ah je ne savais pas qu'il était là. — Eh bien ! Mgr l'a condamné. — Qu'est-ce qu'il allait chercher là ? etc. » M. Théolière ne pouvait leur montrer le deuxième lettre du cardinal qu'il avait dû laisser aux mains du président.

Peu de jours après, le tribunal de commerce qui ignorait les menaces de Mgr de Bonald, déclarait M. Théolière seul propriétaire des droits de la brasserie, Vallon ayant à la vue d'employés honnêtes fait des détourne-

(1) *Cri*, p. 24 et p. 350, n° 3.
(2) *Cri*, p. 41.

ments en l'absence de son associé, qui ne visitait pas assez les livres par délicatesse, malgré le Conseil de M. Barou. Puis à la demande de Guillaud et de M. Théolière, le président du Tribunal civil nomma un gérant judiciaire pour administrer la société de la brasserie jusqu'aux nouveaux arrangements ; et ce gérant n'avait point d'ordre à recevoir de personne.

Guillaud, son procès perdu, s'était radouci. Il vint faire des propositions à M. Théolière. Et celui-ci eut le malheur de lui avouer que Mgr de Bonald avait, par une seconde lettre, détruit l'effet de celle extorquée par son homme d'affaires. « On ne peut pas compter sur cet homme, s'écria Guillaud dans un accès de dépit dont il ne fut pas le maître, c'est au dernier qui lui parle. » Cette naïveté trahissait le solliciteur d'interdit. Mais l'obstination de Guillaud avait fait obtenir à son associé beaucoup plus que celui-ci n'avait demandé d'abord pour s'épargner les désagréments d'un procès (1); voyant cela, Guillaud voulait revendre ses droits au Jardin d'Hiver.

III

FLANDRIN AU JARDIN D'HIVER.

1° Flandrin et son nouveau plan du Jardin d'Hiver. — 2° Guillaud lui vend ses droits. — 3° Projet entre M. Théolière et Flandrin. — 4° Duperies de Flandrin. — 5° Dévastation du Jardin d'Hiver.

1° M. Théolière était dans un guêpier et sentait tout le péril de la situation. Ses adversaires travaillaient dans l'ombre. Les cordes épuisées ainsi que les cierges qu'ils faisaient brûler devant chaque saint, ils invoquaient l'administration ecclésiastique. M. l'abbé se débattait pour retirer ses droits, mais en vain. Alors il songea tout de bon à changer la destination du Jardin d'Hiver, et à bannir les danses de là. Cette pensée le préoccupait, lorsque un nommé Flandrin se présenta à lui pour lui demander je ne sais quoi. Comme il raisonnait bien, sans toutefois parler élégamment. — Je vous demanderai à mon tour un renseignement, lui dit M. Théolière : Connaîtriez vous un homme capable d'exécuter un plan pour le Jardin d'Hiver? Et il lui donna quelques explications. — J'y songerai, dit Flandrin.

Dès le lendemain il reparut, bien rasé, l'œil limpide : « Je suis allé voir l'établissement, dit-il, j'ai compris votre affaire, et j'ai trouvé votre homme, c'est moi. Moi, voyez-vous, je suis mécanicien et expérimenté dans ces sortes d'affaires, j'ai été professeur de mathématiques à Tarare. Je me suis occupé de filatures ; j'ai rendu de grands services aux dames Martin ; à mon père, maître charpentier à Roanne ; à mon frère le curé, à toute ma famille. » Ce curé avait été à Verrière professeur de M. Théolière qui en avait gardé de très-bons souvenirs. Excellente recommandation pour le mécanicien. Celui-ci parla encore de ses propriétés de Roanne et de Tarare, de ce qu'il fallait au Jardin d'Hiver; et il lui présenta un plan, chose étonnante, exactement semblable à celui imaginé par M. Théolière. « Il faut, dit Flandrin, une filature, une chaudière, un certain degré d'*athomosphère* à l'établissement, etc. » Tout en estropiant les termes scientifiques, il donnait l'ensemble d'un plan sensé.

En vérité, se dit M. l'abbé, c'est la Providence qui m'envoie cet homme; me voilà hors de toute censure.

(1) *Cr. p. 25.*

2° Guillaud, qui n'avait pas trouvé d'acheteur, ayant fait connaissance avec Flandrin, fut enchanté de ses paroles belles et mielleuses; et le 16 octobre 1852, il lui vendit ses droits au Jardin d'Hiver. M. Théolière ne voulut pas s'en mêler, mais le même jour, il fit une combinaison avec Flandrin.

Le Jardin d'Hiver devait tout d'abord recevoir une autre destination. Dans une partie des locaux devait être établie une filature, dans une autre des bains, et sur le quai, dans le Jardin d'Eté, une grande et magnifique brasserie.

Loin de là les bals et tout leur apanage; c'était une des principales conventions : *Ça ne rapporte rien du tout les danses,* disait Flandrin, d'accord en ceci avec M. Théolière, mais à un autre point de vue. *Rien donc d'immoral.* Flandrin fournira machines à vapeur, chaudières, ventilateur pour sécher les soies, 20,000 francs et son industrie. Quant à la mise de M. Théolière, ce seront les 20,000 francs de sa sœur et de lui déjà engagés dans l'industrie; de plus il doit céder à la société *dont il fera partie* tous ses droits acquis sur le nouvel établissement. Flandrin fournira hypothèques sur ses propriétés de Roanne et de Tarare.

Toutes ces machines, cet ensemble pour destinations nouvelles, tout cet attirail pour l'installation d'industries nouvelles, n'étant pas compatibles avec les violons, les danses devaient forcément céder la place (style d'huissier), vider les lieux. (Projet du 16 octobre 1852, entre M. Théolière et Flandrin.) (1)

Dès-lors, l'Eglise n'avait plus rien du tout à condamner au Jardin d'Hiver, et tout le clergé de Lyon devait bénir Dieu de ce qu'un ecclésiastique fût entré dans la société du Jardin d'Hiver, et eût fait une si belle prise sur l'ennemi. Quelques personnes même, dans ce but, étaient venues à son secours.

Heureux s'il n'eût pas assumé ainsi une nouvelle responsabilité; mais enfin il était dans ses droits, devant Dieu et devant les hommes.

Cependant, au bout de cinq ou six jours au plus, Guillaud vint en colère dire à M. Théolière : Flandrin! c'est un individu qui sort de galère; j'ai pris des informations, il n'a de propriété ni à Roanne, ni à Tarare. Il ne peut pas fournir hypothèque, je vais être forcé de faire casser ma vente. Vu cet état de choses, le 31 décembre 1852, Guillaud et M. Théolière firent rendre en Cour d'appel un arrêt qui fixait et confirmait les droits de l'un et de l'autre (2).

François Flandrin, fils d'un honnête propriétaire de Roanne, avait commencé par exploiter son père dont il était le bijou. La mère Flandrin eut vite deviné les instincts du benjamin. « Toutes tes prédilections sont « pour François, disait-elle souvent à son mari, tu n'auras de lui que du « désagrément, tu le verras. » Toujours même aveuglement dans le père. « Ah! mon fils François! mon fils François! répétait-il souvent, celui-là fera son chemin. » Ses qualités intellectuelles lui faisaient fermer les yeux sur le reste. François empochait l'argent de son père sans lui faire de billet, lui emmenait de pleines voitures de plateaux en chêne ou en noyer, sans payer jamais; toujours le benjamin quand même. De sorte qu'au

(1). *Cri,* p. 271.
(2) *Cri,* p. 25 et 195.

lieu d'avoir, selon son dire, rendu service à sa famille, il avait mis tout son savoir-faire à l'exploiter.

Ex-professeur de mathématiques, il s'offrit aux dames Martin-Pitre de Tarare, comme teneur de livres dans leur épicerie. C'était merveille de l'entendre parler de Dieu, de l'aumône, de la messe, de la confession, de la communion, de la confrérie du Saint-Sacrement. « Il faut, disait-il, « faire toutes ses actions pour le bon Dieu, et fréquenter les sacrements. « Moi je me confesse à M. Pary, mon compatriote et mon ami, qui est « prêtre à l'église de Saint-Bonaventure, à Lyon. » Séduites par ces beaux discours, elles lui donnèrent leur confiance et le mirent à leur bureau. Au commencement, c'était merveille; mais le renard ne tarda pas à montrer le bout de l'oreille : « Dites donc, M. Flandrin, lui firent-elles observer, vous qui nous prêchez toujours la dévotion, on ne vous voit jamais à l'église. »

Son père étant un jour venu le voir : « Qu'est-ce qu'il vient chercher par là, s'écria-t-il? » ce qui remplit d'indignation ceux qui l'entendirent. Puis il fit si bien qu'on l'obligea à changer de logis.

Pour endoctriner M. Théolière et Guillaud, il mit tous ses soins et réussit à gagner les bonnes grâces de l'archevêché; il visitait les sacristies et parlait de religion. Néanmoins, il fallait à M. Théolière une grande envie de se soustraire aux récriminations pour lui demander des services, mais il était sous l'impression d'une certaine terreur blanche (1).

C'est ce genre de terreur auquel ont recours les dignitaires de l'Eglise quand ils croient au-dessous de leur grandeur d'employer les moyens de persuasion prescrits par l'Evangile, ou qu'ils n'ont pas le temps, ou qu'ils veulent obtenir un but auquel les canons les empêcheraient d'arriver, ou qu'ils veulent faire de la représentation. Un certain Espagnol allait être examiné pour l'épiscopat en présence du pape, des cardinaux Borrhomée, Borghèse, de Florence, etc. Tous ces *poseurs* lui firent une si grande appréhension, « que le froid s'épanchant par toutes ses veines, « il tomba en défaillance sur la place. Ses serviteurs accoururent pour le « relever; on l'emmène, on le couche, les médecins le viennent voir, on « n'oublie point de remède, il est visité au nom du pape..... il faut qu'il « en meure (2). » Ces Messieurs auraient bien dû se rappeler qu'ils ne descendaient pas tous de Charlemagne, et que si les représentants du Christ éloignent les gens de la religion par leur fierté, ils attirent les révolutions.

A présent il est facile de comprendre comment M. Théolière, pressé par la panique, s'est jeté à corps perdu entre les mains du frère d'un curé de canton, d'un mécanicien dont l'archevêché disait du bien. M. Surieux s'étonnait de voir M. Théolière se tourmenter à ce point. Le *Cri d'une Victime* dit que *sans les menaces de l'archevêché, M. l'abbé ne se serait jamais abouché avec Flandrin* (3). Le seul rapprochement des dates le ferait conjecturer : menaces du cardinal, 27 juillet 1852; projet avec Flandrin, 16 octobre 1852. Mais de quelque manière qu'on prît le mécanicien, il n'avait jamais tort : Si on lui faisait des reproches, il répondait:

(1) *Mot de l'Atteinte portée à la constitution de l'Eglise*, p. 24. Lyon, Méra, r. Impériale, 15.

(2) *Vie de saint François de Sales*, par Charles-Auguste de Sales, 1er vol., p. 265.

(3) *Cri*, p. 291 et 195.

« Je sais bien qui a dit cela, c'est un homme contre qui j'ai gagné un procès, voilà pourquoi il est mon ennemi. Il me voit réussir, et il en est jaloux. » Ne s'étant jamais laissé prendre en paroles, il trouva encore le moyen de passer pour un homme loyal aux yeux de M. Théolière et de Guillaud qui furent endoctrinés.

Flandrin les adjura, au nom de l'*honnêteté*, de signer une convention nouvelle entre lui, M. Théolière et Ernest Guillaud son vendeur. Aux conditions stipulées le 16 octobre 1852, M. Théolière et Guillaud s'engageaient à faire dissoudre la société *Vallon père et compagnie;* ils s'engageaient également à substituer Flandrin à leurs droits antérieurs (6 janvier 1853); et le 11 janvier suivant, la société *Vallon et compagnie* fut dissoute par un jugement définitif (1).

Aussitôt après ce projet stipulé, Flandrin commença auprès de M. Théolière son refrain : « Il me faut de l'argent. Pour cette société, j'ai été obligé de faire des frais : il y a une personne à laquelle je dois de l'argent. » 2,000 francs sont empruntés, Flandrin les empoche, et M. Théolière n'a que la responsabilité. Flandrin revient à la charge.

Avec ce projet de société, il n'y avait pas d'apparence que Flandrin pût se jouer de son associé. Celui-ci se mettait le premier en devoir d'exécuter ses conventions; et comme le mécanicien lui disait : Dès lors que vous voulez changer la destination du Jardin d'Hiver, il faut de l'argent, il fait un deuxième emprunt, et Flandrin empoche toujours. Mais M. Théolière attendait à son tour les machines promises.

Un jour Flandrin vint lui dire : Oh! si vous saviez, je viens de lire dans un journal qu'il se vendait une brasserie de bière à Rive-de-Gier. Je veux y aller pour voir ce qu'il en est. Quelques jours après Flandrin l'aborde : « Je viens, dit-il, de voir cette brasserie à Rive-de-Gier. C'est bien autre chose que ce que je croyais. Figurez-vous, il y a une chaudière en cuivre rouge toute neuve; il y a fourneaux, calorifères, etc., le tout vaut plus de 15,000 francs. Comme c'est un héritage de mineurs, le greffier a été obligé de tout faire vendre à l'enchère; j'ai tout acheté pour... 2,000 fr. Rien que la chaudière vaut plus que cela. 15,000 francs de gagnés au moins. On m'a fait crédit pour quelques jours, et il s'agit de trouver les 2,000 francs. » Et cette somme est empruntée sous la responsabilité de M. Théolière. Les machines devaient arriver incessamment. Cependant un mois après, M. Théolière disait à Flandrin « Et ces ustensiles pour la brasserie, quand les aurons-nous ?

— La semaine qui vient. — Rien n'arriva. Trois semaines se passent, rien n'arrive. M. Théolière cherche son homme et le trouve enfin.

— Et ces machines ne viendront donc pas ?

— Que voulez-vous, dit Flandrin, c'est très-ennuyeux, on a affaire à des négligents qui vous promettent et ne tiennent pas; je vais envoyer une signification au voiturier. »

M. Théolière écrivit une lettre au greffier de Rive-de-Gier. Au bout de quinze jours il en reçut une réponse à peu près en ces termes : Monsieur, vous me pardonnerez mon retard à vous répondre; mais d'après tout ce que vous me demandez, j'ai été obligé de prendre des renseignements

(1) *Cri*, p, 195.

auprès de tous les huissiers de Rive-de-Gier et aux environs. De mémoire d'homme, il n'y a eu de brasserie à vendre à Rive-de-Gier et dans les environs. Recevez, etc.

Pour les 2,000 francs remis à Flandrin, va-t-en voir s'ils viennent. Je tiens ce fait d'escroquerie d'un créancier présent à l'audience. C'est ainsi que M. Théolière fit la connaissance du mécanicien. Mais depuis ce jour là il n'y eut plus pour Flandrin moyen de lui escroquer de l'argent. Il ne se déconcerta pas, car il voulait de l'argent de suite. Il lui en fallait. Pour les massifs de plantes, il en faisait peu de cas. Il y avait pour 45,000 francs de plantes étrangères; il marchait dessus, et démolissait tout. « Quel homme que voilà, disait le jardinier qui voyait abîmer en un instant ce qui lui avait coûté tant de travaux pénibles et de soins industrieux. »

Or, sans avoir fourni seulement 50 centimes, Flandrin dépositaire du bien d'autrui, et ne figurant au Jardin d'Hiver que par le bien d'autrui, ne voulait plus donner suite au projet de société fait double entre eux, et *prétendait être seul propriétaire du Jardin d'Hiver*. Et cependant il allait en colère trouver M. l'abbé et lui disait : il me faut de l'argent, il faut emprunter de l'argent, dès lors que vous êtes convenu de me procurer des bailleurs de fonds. »

« Je ne m'étais engagé, dit M. Théolière, à procurer des bailleurs de fonds à Flandrin, qu'autant qu'il aurait pu fournir hypothèque. Or les derniers inscrits, avant même l'achat par lui du Jardin d'Hiver, ont perdu, l'un dix-huit mille francs, un autre six; sans compter ceux qui ne sont pas venus à ma connaissance. Il se savait donc, avant cette époque, tellement grevé qu'il était d'une insigne mauvaise foi en me proposant cette fausse garantie (le 16 octobre 1852) (1). En même temps, Flandrin déclarait à tout venant qu'il était seul maître du Jardin d'Hiver, qu'il n'avait aucun associé et n'en voulait point avoir. » C'était le moyen d'amadouer les gens et de trouver des bailleurs.

« Pas n'était besoin de lui en chercher, dit M. Théolière, il était plus expert que moi dans ces matières. Il vint me dire dès les premiers jours qu'il avait trouvé son homme, c'est-à-dire sa dupe, un pauvre père de famille. » M. l'abbé chercha à le dissuader de s'engager avec Flandrin. Ce père le répéta au mécanicien qui se mit à vociférer et à dire toute sorte de mal contre M. l'abbé Théolière ! « B..., s'écria-t-il en frappant du pied et en faisant sonner les *rr...*, l'abbé Théolière, l'abbé Théolière est une s..... canaille, il m'a fait perdre 20,000 francs. » Ce père de famille s'y laissa prendre; et plus tard il disait au prêtre : Ah! si je vous avais écouté!

— Mais vous n'y êtes pas pour autant que moi, il m'a dit que vous ne lui aviez fourni que 30,000 francs.

— Oui 30,000, j'y suis pour 65,000 francs !

— Vous voyez bien qu'il vaut mieux croire des prêtres que des hommes comme Flandrin...

La fille de ce père de famille qui étudiait le piano, fut obligée de quitter son instrument pour aider à nourrir son père (2) du travail de ses mains.

(1) *Cri*, p. 300.
(2) *Cri*, p. 301 et divers renseignements.

« J'ai su depuis, dit M. Théolière, que Flandrin avait trouvé bien d'autres dupes, en promettant des places fort lucratives dans l'établissement, qu'il tenait toujours fermé afin de n'avoir pas à leur payer le traitement promis. » A l'un il promettait une place de secrétaire 6,000 francs, à un autre une place de portier 4,000 ; et la même place il la vendait à plusieurs. C'était là sa manière d'exploiter et d'exercer son industrie : il avait ainsi touché une somme de 200,000 francs en un an (1).

Sous prétexte de réparer le Jardin d'Hiver, il le faisait miner et arrachait les tuyaux de plomb et de cuivre du gaz pour aller les vendre au poids (2). Les superbes plantes étrangères il les vendait. Surpris de cette manière de faire (car avant son entrée au Jardin d'Hiver il ne le connaissait pas), M. Théolière dut prendre des mesures. Il lui fallut, le 31 juillet 1854, mettre Flandrin en demeure de cesser la démolition de ce bel établissement. Il ne tint pas compte de la mise en demeure, et se remit de plus belle à son œuvre de dévastation sans en pâtir. Il avait tellement fouillé sous les fondations qu'un architecte déclara qu'il fallait les refaire, l'édifice menaçait ruine.

IV

PREMIER INTERDIT POUR PROCÈS.

1° Brasserie fermée. — 2° Assignation. Interdit pour procès. — 3° Mgr de Bonald ne devait pas interdire sans monition. — 4° Conduite opposée de Mgr l'évêque de Mende. — 5° Canons de l'Eglise. Contradictions où est tombé l'Archevêché.

1° Guillaud avait essayé de faire casser sa vente du Jardin d'Hiver par le Tribunal civil. M. Théolière s'était trouvé impliqué dans ce nouveau procès, vu ses droits reconnus sans pouvoir être remboursés.

Mais Guillaud qui prêchait aux autres la loyauté, lui avait lui-même joué un tour. Pour obtenir la confiscation des droits de son associé, si gênants pour lui, résultat énorme qui lui avait échappé par la perte de son premier procès, Guillaud, qui n'était pas aussi Guillot que celui de La Fontaine, avait imaginé de tenir fermés les locaux de la brasserie, afin de mettre le gérant dans l'impossibilité de pouvoir faire les recettes pour payer le loyer. Un jour pourtant on l'ouvrit pour la frime, et il s'y rendit une grande foule ; mais Flandrin, pour empêcher les recettes, éteignit tous les becs de gaz, et l'obscurité permit à tous les mauvais payeurs de s'esquiver sans autre forme de procès. Et puis il disait : *Théolière trouve qu'il ne vient pas assez de danseurs* (3). Adversaires sur tous les autres points, Flandrin et Guillaud s'accordaient à soupirer non pas précisément après l'accomplissement de la morale, mais après la dépouille du prêtre.

2° Le gérant judiciaire comprenant cette tactique, et pouvant agir malgré les associés, fut trouver M. Groz, l'avoué, lequel somma Guillaud d'ouvrir l'établissement, et sur son refus, lui envoya une assignation dont M. Théolière n'eut connaissance que par un coup de tonnerre.

---

(1) Divers renseignements et *Cri*, p. 301.
(2) Témoignage du frère même de Flandrin.
(3) Témoignage d'un actionnaire au Jardin d'Hiver.

Archevêché de Lyon, 18 octobre 1854.

A M. *l'abbé Théolière.*

« Il a été présenté aujourd'hui à mon Conseil, M. l'abbé, une pièce
« qui dépose contre vous d'une manière déplorable. Vous avez fait
« présenter, au mois d'août dernier, une assignation où l'on se plaint
« en votre nom relativement au Jardin·d'Hiver.

« En conséquence, je vous ôte la permission de célébrer dans tout
« mon diocèse.

« Recevez, M. l'abbé, l'assurance de mon dévouement.

« † L.-J. Card. DE BONALD, *archevêque de Lyon.* »

Une autre lettre défendait à M. le curé de Saint-Pierre de lui donner
les ornements pour la messe. Ce curé la lui communiqua en ces termes :

« Monsieur, je vous envoie deux lettres que j'ai reçues hier à dix
« heures du soir; l'une vous regarde, et par mégarde je l'ai décachetée,
« sans la lire, je vous l'assure; l'autre était pour moi, mais comme elle
« vous concerne, je vous l'envoie également.

« Je suis désolé du coup qui vous frappe, tâchez d'arranger cette
« mauvaise affaire avec l'archevêché.

« DEROZIER, *curé de Saint-Pierre.* »

M. Théolière n'avait reçu aucun avis préalable (1). Que dire de cela?
Cet interdit vient ou trop tôt ou trop tard. Comment, Eminence, vous
lui avez laissé dire la messe pendant quatre ou cinq ans, quoiqu'il fût
actionnaire au Jardin d'Hiver, quand les danses y étaient dans toute leur
activité; vous l'avez laissé compter sur l'archevêché; M. Barou et votre
Eminence lui ont dit : *Vous devez bien voir les livres, soignez bien vos intérêts;* et vous ne l'avez pas arrêté avant qu'il se fût rendu dépositaire de
nouvelles sommes destinées à l'amélioration morale de l'établissement!
Mais, et par votre silence et par vos paroles, vous vous étiez engagé for-
mellement à ne rien faire qui pût le moins du monde nuire à ses intérêts.
C'était un quasi-contrat.

Il avait le droit de compter sur vous. Et vous venez aujourd'hui vous
joindre à Guillaud et à Flandrin au moment du procès. Qu'est-ce donc
qui a pu vous faire changer d'idée, jusqu'à vouloir qu'il paye la location
d'une maison tenue fermée? Le gérant pouvait malgré lui faire présenter
l'assignation; comment dépose-t-elle contre lui d'une manière déplorable? Et cependant le coup qui le frappe n'en est pas moins terrible.

Qu'est-ce que c'est qu'un interdit? Le lecteur n'a-t-il jamais vu en
sa vie quelqu'un ayant l'honneur d'être ecclésiastique, montré au doigt
avec ces mots : C'est un prêtre interdit? Tout le monde de fixer les yeux
sur lui, et de le contempler comme une bête curieuse. Ce pauvre homme
marche comme un anathème. On demande ce que c'est qu'un interdit?
Pourquoi un interdit? Et d'une histoire à une autre, on arrive à raconter
qu'un prêtre a été interdit pour des infamies. Le public qui n'est peut-
être pas toujours aussi réservé que le grand Turenne.... lequel ne jugeait
jamais des choses sur la première impression, n'est-il pas dangereux que

____

(1) *Cri*, p. 27.

le public, sans examen préalable, ne fasse à la victime frappée d'interdit l'application d'une malheureuse histoire, et qu'en moins d'une demi-journée la réputation de ce prêtre soit perdue?

« La Renommée, dit un ancien, est de tous les maux le plus rapide. « La mobilité est sa vie, et elle acquiert des forces en courant. D'abord « faible et timide, elle grandit et s'élève dans les cieux. Ses pieds sont « rapides, ses ailes sont infatigables, monstre horrible au corps couvert « de plumes, et qui sous chaque plume (ô prodige!) cache des yeux « toujours ouverts, des bouches toujours parlantes, des oreilles toujours « attentives! La nuit elle vole en sifflant à travers l'ombre, entre le ciel « et la terre; jamais le sommeil ne ferme ses paupières. Le jour elle « s'assied sentinelle immobile sur le faîte des maisons, ou sur le sommet « des tours, et de là elle jette l'alarme dans les cités populeuses, mes-« sagère indifférente, de mensonges, de calomnies ou de vérités (1). »

Outre le principe : *Ne faites pas à autrui ce que vous ne voulez pas qu'on vous fasse,* le bien public exigeait que cette affaire fût traitée à huis clos, entre son Eminence et M. Théolière, n'y eut-il eu que le danger d'en augmenter l'éclat en pure perte. Un jour quelqu'un qui blâmait M. Théolière et soutenait Son Eminence, faisait observer qu'il y avait un temps qu'on ne disait rien contre cette affaire du Jardin d'Hiver. Quel était ce temps sinon celui qui avait précédé l'interdit? Moi qui ai fréquenté les Brotteaux au moment où les bals y eussent dû rendre la position de ce prêtre impossible, d'après la dévote chronique, je n'ai absolument rien entendu alléguer contre lui. Avant 1852 on ne savait pas qu'un prêtre eût des intérêts engagés au Jardin d'Hiver, pas même Guillaud bailleur de fonds à Vallon, puisque Guillaud lui avait dit : je ne reconnais pas votre créance. Le nom de la Société était Vallon et Cie. Si les simples menaces du Cardinal ont fait faire du tapage, il n'y a pas lieu d'espérer qu'un interdit fasse garder le silence. Et Son Eminence a pris parfaitement le moyen de rendre l'interdit public. Elle fait défense de donner les ornements à M. Théolière, le sacristain et les enfants de chœur sauront pourquoi il ne dit pas la messe. Les pierres parlent quand il s'agit de répandre les mauvaises nouvelles, et celles dont un certain public est avide. La Renommée va prendre plaisir à faire circuler de bouche en bouche contre lui mille bruits funestes à la religion; et le public ignorant les droits des tiers, et toutes les circonstances atté-nuantes, se répandra en paroles comme l'eau d'un panier percé.

Maintenant pour ce qui est des intérêts de M. Théolière, s'il se plaint de l'irrégularité de cette mesure, ce n'est pas sans raison. Examinons au point de vue canonique, la forme de ce procédé qui ne peut moins faire que de fasciner les esprits, et de le faire passer pour ce qu'il n'est pas. Peu d'attention suffira. Il est interdit non pas pour danses, ni pour immoralité, mais *pour avoir fait présenter une assignation.* Et le Mémoire s'accorde encore ici avec des personnes impartiales et bien renseignées : « Le Cardinal l'interdisait pour une assignation, disent-elles, est-ce qu'il avait quelque chose à voir la dedans? »

Mais d'abord M. Théolière n'a point fait présenter d'assignation. Voilà déjà une faute. Un archevêque qui se permet d'imputer solennellement à un prêtre ce qui n'est point son fait. *Où l'on se plaint en votre nom ;* mot

(1) Virg., Æn IV, v. 174.

à effet moins clair que celui-ci : *on se plaint de vous*. Eh bien! qu'on se plaigne de lui, faut-il l'interdire pour cela? Le Pape lui-même ne s'est-il pas plaint de certains évêques et de tous les *archanges boxeurs*, qui ont fait détester sa souveraineté en s'appuyant sur elle pour commettre dans l'Eglise de France des vexations et des désastres dont les Fidèles ne se consoleront pas de sitôt? Il ne les a pas interdits pour cela. *Je vous ôte la permission de célébrer* dans tout mon diocèse (1). Quelque agréables que soient à l'oreille ces mots *mon diocèse* (évidemment ce n'est pas celui du roi de Prusse), ils ne remplacent pas l'affection des sujets. Non-seulement cette défense de célébrer est basée sur une assignation faussement attribuée à lui, assignation qu'il avait pourtant droit de faire; mais encore elle est lancée *ex abrupto*. J'en appelle à la conscience des personnes les plus attachées à leurs devoirs, les plus reconnaissantes et les plus respectueuses envers un dignitaire de l'Eglise, était-ce permis? Dans le commerce de la vie, un homme avant d'user contre un adversaire de moyens rigoureux, ne commence-t-il pas logiquement et même légalement par l'avertir, surtout d'après la disposition de la loi? Si cet adversaire se rend avec toute la bonne volonté de réparer ses torts, l'autre le fera-t-il mettre en prison?

3° Un chef de l'Eglise de Jésus-Christ ne doit-il pas au moins user de la même modération?

L'endroit où l'Eglise est toujours sévère et une, c'est sur ses principes immuables; mais elle est tolérante, bonne pour les personnes; et quand il faut de la fermeté, croyez-vous qu'elle y aille bride abattue. Regardez ce qu'elle a fait avant de condamner Luther et compagnie, les égards que le concile de Trente a eu pour les protestants. C'est là le caractère de l'Agneau de Dieu, dont les évêques sont les représentants. *Arundinem quassutam non confringet, et linum fumigans non extinguet.* Il ne brisera pas le roseau froissé, il n'éteindra pas la mèche qui fume encore. C'est toute la vie de Jésus-Christ.

Ce n'est qu'en suivant cette conduite qu'on mérite le nom d'évêque. S'en écarter, c'est être le fléau de ses administrés. Ceux qui sont à la hauteur de cette dignité ne sont pas des hommes avides de luttes, et jaloux de se mesurer avec un antagoniste. Si l'un de leurs administrés se trompe, loin de vouloir le confondre, ils font auprès de lui des démarches secrètes pour l'engager à se rendre à la vérité, et avec un procédé si délicat, il est excessivement rare qu'un homme ne se rende pas.

4° Tout le monde connaît l'histoire de Mgr de Mons, évêque de Mende. Un samedi il alla, sans équipage, rendre visite à un curé qui n'habitait sa paroisse que, de tous les quinze jours, un seul dimanche. Monseigneur rencontra un laboureur sur sa route, et après les saluts d'usage, lui dit : Monsieur votre curé comment va-t-il? — Monsieur, je pense qu'il va bien. Vous allez le voir? Vous ne le trouverez pas. C'est un bon enfant, mais ce qu'il y a de désagréable chez lui, c'est qu'il n'est ici qu'un seul dimanche sur deux; demain il n'y sera pas.

— Et comment faites-vous, quand il n'y est pas.

(1) *Le Refusé* (2 octobre 1868) disait à propos de M. l'abbé Valin, censuré pour son livre *Du Gallicanisme* : « Le prêtre interdit, c'est un lépreux. Veut-il rentrer dans la société laïque? elle le repousse. Frappe-t-il à la porte d'une église? le bedeau se signe et ferme la porte. Point de profession, plus de moyens d'existence... S'il ne jouit pas d'un patrimoine, qu'il mendie..... Je connais un de ces parias qni, pour manger du pain, s'est transformé en cocher de fiacre. »

— Nous allons à la paroisse voisine ; les cloches sonnent d'une manière quand le curé est ici, et d'une autre manière quand il n'y est pas.

L'évêque arrive à la cure.

— Monsieur le curé n'y est pas, dit la bonne.

— Et quand reviendra-t-il ?

— A la fin de la semaine.

— C'est malheureux, dit l'évêque, c'est un de mes amis, j'aurais voulu le voir. Quoiqu'il en soit, je veux me reposer ici. Faites avertir que demain il y aura une messe.

— Votre nom, s'il vous plaît ?

— Oh ! votre curé me connaît, vous n'avez qu'à lui dire, quand il viendra que c'est un de ses amis qui est bossu.

Il remplaça le curé le dimanche, fit le prône, et repartit le lendemain sans dire son nom.

Le curé de retour : Qu'y a-t-il eu de nouveau ? demanda-t-il à la ménagère.

— Rien... Ah ! attendez donc ; il est venu un prêtre qui a dit qu'il était un de vos amis, il est bossu.

— Un prêtre de mes amis, qui est bossu.....

— Il a dit la messe le dimanche, et il est reparti sans vouloir dire son nom.

— Un prêtre de mes amis qui est bossu ?

— Il a dit que vous le connaissiez bien.

— Je n'ai point d'amis qui soit bossu. Un prêtre bossu. Ah ! dit le curé en poussant une exclamation ! il n'y a que l'évêque qui soit bossu.

— L'évêque, fit la ménagère en tressaillant.

— C'est l'évêque, dit le curé, je suis perdu !

Deux ou trois jours après, le curé recevait une lettre de l'évêché.

— Allons ! voilà mon changement, dit il. Pourtant la lettre l'invitait seulement à se rendre à l'évêché. Il s'y rend tout tremblant.

— Monsieur le curé, lui dit amicalement l'évêque, je vous ai manqué l'autre jour, nous dînons ensemble aujourd'hui.

Le curé tout étonné se dit à lui-même : C'est au dîner qu'aura lieu le sermon.

L'évêque égaya le repas ; pour le curé, il était inquiet et croyait à chaque instant entendre déjà la tempête.

Le dessert, puis le café furent servis. — Toujours point de sermon. Gare après le dîner ! et pourtant toujours rien. Le curé n'en revenait pas. Pourtant il fallut bien prendre congé de son hôte.

— Je voulais dîner avec vous, dit l'évêque, et dans votre paroisse vous vous souviendrez de moi.

Ce fut toute la morale. Le curé sortit ; mais touché du bon accueil de l'évêque auquel il eût facilement pardonné un peu de mauvaise humeur, il rentra et lui fit ses excuses, promettant qu'il ne quitterait plus sa paroisse. Et il tint parole. La modération de l'évêque avait été le meilleur sermon.

Un curé se croyant un jour compromis devant toute sa paroisse, perd la tête, et le samedi même va trouver l'évêque pour lui raconter ce qui est arrivé. — Je suis désormais impossible dans cette paroisse, dit le curé, et je viens vous donner ma démission.

— Oh! je ne l'accepte pas, dit l'évêque. Combien y a-t-il de personnes qui puissent vous accuser?

— Une seule.

— Eh bien! *testis unus, testis nullus;* le témoignage d'un seul est nul. Vous allez retourner dans votre paroisse. Et à l'instant il appelle un domestique : « Reconduisez M. le curé en voiture jusqu'à cinq minutes de son clocher, et revenez de suite. » Le curé arriva le dimanche de grand matin, et quand on le vit dire la messe, personne n'y trouva à redire,

Si l'évêque l'eût pris à rebours, il était à deux doigts de sa perte. Cette bienveillance est de l'essence même de l'épiscopat. Donc, avant d'en venir à des voies de rigueur, il faut commencer par la douceur. On prend plus de mouches avec une goutte de miel qu'avec cent barils de vinaigre.

L'interdit étant d'un poids énorme, sa blessure si profonde, son déshonneur si terrible, et continuant par delà le trépas, avant d'en venir là, Il fallait avertir M. Théolière, afin de combiner avec lui ce qu'il y avait à faire pour concilier ses intérêts au Jardin d'Hiver avec l'honneur de l'Eglise. N'était-ce pas les plus simples éléments de la charité et de la justice?

5° D'après les lois de l'Eglise, il faut des monitions avant l'interdit. La monition vient du verbe *monere*, avertir. Ce n'est en effet qu'un avertissement de faire ou de ne pas faire certaines choses. Si la charité et la douceur doivent toujours accompagner les jugements ecclésiastiques, où il s'agit de prononcer des peines, c'est que Jésus-Christ lui-même en a fait une leçon par ces mots : *Si Ecclesiam non audierit.* (Math., XVIII; s'il n'entend pas l'Eglise.) Pour qu'on entende l'Eglise, il faut qu'elle ait parlé. L'Eglise recommande toujours d'user de délais et d'avis charitables, avant d'en venir à la sévérité des jugements. Les canons l'ordonnent expressément, et alors on ne peut procéder dûment à la condamnation que le prévenu n'ait été dûment averti. *(Chrysost. hom.* 67, *in Mathieu.) Hic enim de causâ non statim abscindit, sed ad tertium usque judicium progressus est, ut si primo non paruerit, obtemperet alteri, quod si secundum etiam spreverit, tertio saltem moveatur, at si hoc etiam neglexerit, æterna supplicia tandem et judicium Dei expavescat.*

1° *Comme on ne peut prononcer de censures que contre ceux qui refusent d'obéir aux ordres de l'Eglise qui leur sont connus,* ces censures doivent être précédées de monitions canoniques, qu'il faut faire en présence de témoins, soit que le supérieur ordonne une chose, soit qu'il la défende. *Statuimus ut nec prælati (nisi canonica communicatione præmissâ) suspensionis vel excommunicationis sententiam proferant. (Reprehensibilis, de appel. C. cum specialis, ead. C. sacra, de sententia excommunicationis.)*

Les conciles généraux de Latran (canon *Sacro de sententia excomm.)* et de Lyon *(*Caput *cùm medicinalis, de sentent. excomm. in* 6°*)* interdisent l'entrée de l'église pendant un mois à ceux qui ont prononcé des censures sans monitions canoniques; et quoique les évêques, pour le bien d'un diocèse, ne soient interdits que quand ils sont nommés par les canons *(concile Lugdun. Caput cùm periculosum et de sentent. excomm. in sexto)*, il faut néanmoins conclure que c'est un grand péché pour eux d'omettre la monition:

2° Une monition est censée canonique, convenable et suffisante, quand elle a été faite par trois fois, comme l'enseigne *la Glose. (De sententiâ excommunicationis, verb. moniti.)* En France, les monitions doivent avoir huit jours d'intervalle; le moindre espace qu'on puisse mettre est de trois jours.

Le Parlement de Paris rendit, le 30 décembre 1669, un arrêt contre l'évêque d'Amiens, en faveur du doyen de l'église collégiale de Roye, que ce prélat avait interdit sans observer dans les monitions les intervalles raisonnables.

Les évêques ne peuvent donc point se mettre au-dessus des canons de l'Eglise. Le faire, c'est persécuter l'Eglise. Nous comprenons la réponse que le pape fit à saint Hugues, évêque de Grenoble. Cet évêque, l'un des plus saints et des plus zélés de son siècle, qui servit si utilement l'Eglise durant le schisme venu après la mort d'Honorius; qui eût l'avantage d'établir saint Bruno et ses compagnons dans les montagnes de la Chartreuse, se croyant incapable de soutenir sa charge, fit plusieurs tentatives pour se décharger du fardeau de l'épiscopat. Mais le pape l'exhorta à en soutenir avec courage les travaux dans un temps où les bons évêques devenaient si rares. Le pape eût bien laissé courir un sabreur de canons.

3° Les monitions sont obligatoires pour un évêque dans les jugements d'inquisition en matière de censures, *etiam si clericus loca infamia frequentaret, aut esset concubinarius.*

4° Il faut que les monitions soient faites par écrit, qu'elles contiennent la *cause* pour laquelle on veut punir une personne de censure, et qu'on donne une copie au coupable, ce qui se fait par le ministère d'un appariteur ou d'un prêtre. Les mêmes formalités sont encore plus *essentiellement requises dans la sentence même que porte la censure;* le coupable doit en avoir une copie dans le mois. *(Quisquis igitur excommunicat excommunicationem in scriptis proferat, et causam excommunicationis expresse conscribat, propter quam excommunicato tradere.... : et hæc eadem in suspensione, et interdicti sententiis volumus observari. Innocentius IV, in concilio Lugd., cap. medicinalis, in sexto.)*

5° Supposé qu'un clerc soit tombé dans *un péché tellement grave,* que la censure ne requiert pas de monition, mais seulement une sentence déclaratoire *(censuræ latæ sententia)*; y eût-il notoriété de fait, c'est-à-dire le péché fût-il connu de tout le monde, le prévenu doit être cité devant l'évêque ou son tribunal, parce que personne ne doit être condamné sans avoir été entendu. *(Canon infrà.)*

6° Il faut encore (suivant le canon *nomen presbyteri 2, quest. 1,* et le canon *presbyter 15, quest. 5)*, il faut qu'un péché, pour être puni, soit certain, et que son auteur en soit convaincu. *In episcoporum quoque concilio constitutum est nullum clericum qui nondum convictus est, suspendi à communione debere, nisi prius ad causam suam examinandam se præsentaverit.*

7° Il faut de plus que ce péché mortel, d'ailleurs contraire à la loi naturelle et divine, soit défendu, sous peine de censure, par un précepte ecclésiastique, parce que cette peine n'a été établie que pour conserver la discipline extérieure de la religion du Christ. *Si Ecclesiam non audierit..... publicanus.* « Il est nécessaire, dit saint Thomas (*Sum. II, II, quest.* 60, *art.* 5) qu'un jugement soit rendu conformément au texte de la loi; il s'écarterait autrement ou de la justice naturelle ou de la justice positive. Le droit naturel ne tire point sa force de la loi écrite; mais il ne peut être détruit ni affaibli par elle (1). » Or, il n'y a ni désobéissance ni révolte contre l'Eglise, à faire une chose qu'elle n'a jamais défendue, à plus forte raison quand un archevêque a donné son consentement (2).

Les monitions pour M. l'abbé Théolière, où sont-elles?

Il ne devait pas y en avoir de monitions, me direz-vous, le cas était urgent : il fallait une punition de suite pour l'exemple. Alors vous voulez dire qu'il a fait quelque chose de plus grave que tout ce qu'on lui a reproché. Cela devait, d'après le 4°, être exprimé dans la lettre d'interdit. *Le bien se présume, et le mal se prouve.* Un évêque ne peut pas déroger aux lois de l'Eglise, ni du pape, ni d'un concile provincial. Mais voici tout ce qu'il y avait d'urgent, S. E. voulait que M. Théolière se retirât du Jardin d'Hiver, quand sa conscience ne le lui permettait pas et qu'il devait poursuivre l'entreprise. Cette volonté ne pouvait avoir force de loi; une loi non conforme à la raison n'est pas une loi, mais une iniquité. Elle n'a pas plus de valeur qu'un complot de larrons, dit quelque part Cicéron. Ne faisons pas le mal pour que le bien en ressorte. Au contraire, ce prêtre voulant arrêter le scandale, devait se mettre à la tête du Jardin d'Hiver.

Pauvre M. Théolière, faut-il que vous ayez été bloqué d'un côté par des industriels, et que de l'autre ce soit par votre archevêque?

Eminence, si tout le clergé de Lyon n'a pas vu que votre interdit ait porté à faux, tout le clergé de Lyon a vu que vous n'aviez aucune raison de vous dispenser d'observer pour M. Théolière les canons de l'Eglise, soit à l'égard des monitions, soit à l'égard de la sentence elle-même.

Cette procédure était absolument nécessaire pour que l'accusé pût se défendre en toute liberté, et que s'il était coupable, il ne fût pas autorisé à dire aujourd'hui : J'ai été condamné arbitrairement. *La notoriété publique ne doit pas dispenser de ces formalités, de quelque nature que soient les censures, à jure, vel ab homine, ipso facto, vel comminatoriæ.* Il est toujours nécessaire que celui contre lequel on doit procéder par la voie de censure, soit cité par l'ordre du supérieur. Si l'accusé obéit à la citation et convient des faits dont il est accusé, on fait un procès-verbal de son interrogatoire et de ses réponses qu'il doit signer; on ordonne que le tout soit communiqué au promoteur; et après qu'il a pris ses conclusions, le supérieur déclare par un jugement que l'accusé a encouru les censures ordonnées par telle loi, tel canon, telle ordonnance, lorsqu'il est question des censures encourues *ipso facto.*

Mais si les censures ne sont pas comminatoires, on prononce contre l'accusé qu'on l'interdit jusqu'à ce qu'il ait exécuté telle ou telle chose.

____

(1) Cet article mérite d'être lu en entier.

(2) Voir d'autres citations de droit canon et de saint Thomas. *Cri,* p. 129.

Si l'accusé ayant été cité, se présente, qu'il nie les faits dont on l'accuse, et que l'on soit obligé, pour avoir la preuve, de procéder contre lui par confirmation par l'audition des témoins, cette instruction doit être faite par l'official; s'il ne comparaît pas, il doit être contumace par sa désobéissance.

Dans les *Décrétales*, liv. 2, tit. 28, chap. 40, il est bien établi, et avec justice, qu'un appel au pape avant la sentence de l'évêque, suspend et la censure et l'obligation que veut imposer l'évêque, parce que la cause regarde alors le supérieur de l'évêque. Supposé, par exemple, que le cardinal eût dit à M. Théolière : Si dans quinze jours j'entends encore parler de votre assignation, je vous interdis. M. Théolière interjetant appel avant le quinzième jour, maintenait légitimement l'assignation, et l'interdit lancé était nul (1). Mais comment interjeter appel avec un interdit à l'improviste?

Eminence, vous avez manqué à toutes les formes canoniques. Comment appliquerez-vous à ce prêtre les paroles de saint Cyprien : C'est par le glaive spirituel qu'on vient à bout des contumaces. *Spiritali gladio contumaces necantur.*

M. Barou lui a dit : *Vous devez bien voir les livres;* et Votre Eminence : *Soignez bien vos intérêts;* et il serait contumace? Vous lui avez dit : *Soignez bien vos intérêts;* et parce qu'il les soigne, vous l'interdisez! Vous l'interdisez non point parce que, déguisé en laïque, il serait allé voir les livres de compte, il n'y allait pas, ni pour un autre motif; mais parce qu'il soutient ses droits et ceux des autres, y étant obligé sous peine de péché mortel. Dans quel canon avez-vous vu que ceci fût un délit punissable d'interdit? Vous l'interdisez pour une assignation que lui n'a point faite, quoiqu'il eût le droit de la faire? Et pas une seule monition que l'on ferait au plus grand coupable. Point de citation! *Constitutum est priùs ad examinandam causam se præsentaverit.*

Cependant la personne de tout citoyen est inviolable et sacrée. Y aurait-il une exception pour le prêtre qui joint au caractère du baptême le sublime caractère de l'ordre?

<h1 style="text-align:center">V</h1>

MANŒUVRES DES ADVERSAIRES

1° Caractère spécial d'iniquité de l'interdit la veille du procès. — 2° Ce sont les adversaires qui l'ont demandé et obtenu. — 3° Interdit levé, mais lancé de nouveau à la prière réitérée des adversaires. — 4° Entrevue de M. Théolière avec le cardinal, puis avec M. Onofrio; il revient chez le cardinal qui le congédie. Dureté de certains dignitaires de l'Eglise. — 5° Visite à M. Devienne. M. Surieux, supérieur de Saint-Jean.

1° Pour comble de disgrâce, ce n'est qu'au moment du procès que cet interdit tombe sur M. Théolière. Sur quoi baser une mesure aussi redoutable? De quel crime Son Eminence le jugeait-elle donc coupable pour

---

(1) Voir ce qui est arrivé à l'apparition du *Cri d'une Victime*, p. 475.

lui infliger un pareil châtiment? Et sans s'être donné la peine d'examiner le fond de la question sérieusement, d'après les actes? Sans une injustice de la part de ce prêtre, elle ne pouvait pas l'interdire *pour l'assignation.* Si connaissant le Jardin d'Hiver, il y eut engagé volontairement son argent, non celui des autres, malgré la défense de l'archevêché, pouvait-Elle l'interdire *pour l'assignation?* Non. Et s'il s'était rendu plus coupable encore, et que pouvant retirer ses droits, il ne l'eût pas voulu faire, pouvait-Elle l'interdire *pour cette assignation?* Non, mille fois non. L'assignation est une affaire indépendante des fêtes du Jardin d'Hiver, et pourtant elle est le seul motif de l'interdit. Quelle raison pouvait non pas exiger, mais autoriser un pareil moyen de répression? La veille du procès, une question de justice devait passer avant toute hypothèse contraire aux goûts d'une dévotion plus ou moins éclairée. Il ne fallait donc pas se prononcer précipitamment contre cette cause; car ses adversaires allaient battre des mains et se hâter, en pharisiens qu'ils étaient, de l'annoncer aux gens du Tribunal qui en concevraient des préventions, d'après l'adage *præsumptio stat pro superiire.* Les prêtres eux-mêmes, avant l'apparition du Mémoire, n'ont-ils pas été dominés par le respect dû à Monseigneur, et portés instinctivement à dire : C'est le cardinal qui a raison, il est supérieur et ne saurait avoir tort. C'est naturel.

L'interdit n'étant pas l'affaire des juges, me direz-vous, mais purement chose ecclésiastique, ne leur fera rien. Prouvez-le, dites donc plutôt que, sachant par expérience l'usage qu'on avait fait de ses menaces, Son Eminence devait prendre tous les moyens pour ne pas figurer dans cette affaire. Si parmi les prêtres, les uns ont reçu des faveurs de Mgr l'archevêque, d'autres tiennent à gagner ses bonnes grâces. Dernièrement j'ai été témoin de quel prix elles étaient pour un personnage qui pour obtenir son but, promenait partout, une lettre de recommandation de Son Eminence. Les juges d'un tribunal peuvent aussi avoir besoin d'Elle pour monter plus haut, et sont loin d'avoir une nature différente des autres hommes. Donc danger pour les juges de subir l'influence d'un grand protecteur. Un prêtre un jour frappé d'interdit tomba raide mort. Devant les juges l'interdit tuait moralement M. Théolière. Qu'est-ce qui pressait donc Son Eminence de le frapper de la sorte? Qui aurait trouvé à redire à trois monitions faites à huit jours de distance, d'autant plus qu'il ne s'agissait pour lui que de défendre ses capitaux et ceux confiés à lui par des tiers?

Eh bien! alors le caractère sacerdotal n'ôte pas à un homme ses droits de citoyen, n'en fait pas un mort civil au point qu'on puisse lui interdire la fidélité à un dépôt. S'il pouvait compter sur quelqu'un en cette circonstance, n'était-ce pas sur Son Eminence? Qui était plus à même qu'Elle de l'excuser devant le public, et de lui prêter main-forte contre ses rusés adversaires, Il était du devoir épiscopal de mettre fin aux incriminations, en proclamant publiquement que ce prêtre s'était trouvé impliqué malgré lui, et à son insu, dans les affaires du Jardin d'Hiver, et qu'il n'était accusé que pour avoir cherché à s'abriter contre ces accusations, et pour s'être débattu à bannir les danses du Jardin d'Hiver. L'église de Fourvière et d'Ainay étaient autrefois des temples païens. Ceux qui ont renversé l'idole de Vénus à Fourvière et celle d'Auguste à Ainay, étaient-ils responsables de tout ce qui avait pu s'y passer, et méritaient-ils à cause de cela une note infamante. M. l'abbé Chevrier qui, d'une salle de danse, a fait la chapelle du Pradô, mérite-t-il un interdit pour cela (1)? Où sont donc les conciles de Lyon et de Latran, et le Parlement de Paris, déjà si sévères pour les monitions? Comment parleraient-ils aujourd'hui pour un interdit sans monition, et lancé au moment critique, contre un prêtre à cause d'une assignation dont il n'est pas l'auteur, et pour censurer la cause qu'il est de son devoir et de sa conscience de poursuivre, affaire où il avait pourtant l'approbation de Son Eminence et du grand-vicaire? En quel pays sommes-nous, et *quæ est ista religio*?

2° Voici ce qui était arrivé. L'arrêt d'expédient de Cour ayant, le 31 décembre 1852 (2), attribué définitivement la brasserie à M. Théolière, n'avait pas satisfait le propriétaire du Jardin d'Hiver. Ce qui augmentait son dépit, c'était que Son Eminence, malheureusement pour lui, eût rétracté ses menaces qui avait attiré à M. Théolière des soupçons, des calomnies et, le meilleur de tout, les préventions des juges. Il fallait bien en réalité que cette menace fut d'un grand poids à leurs yeux, et servit Guillaud à merveille, puisque l'avocat de M. Théolière en avait été épouvanté, se voyant seul à oser le défendre contre un si haut témoignage; et que Son Eminence en ayant redouté les suites, avait écrit une lettre au président pour le prier de les tenir comme non avenues. C'est qu'on en a pour longtemps d'avoir été vingt-quatre heures sous les coups de Mgr l'archevêque dont « *la puissance est d'autant plus terrible qu'elle est sans contrôle* (3).

Guillaud voulait pourtant en finir; il fallait à tous prix expulser ce prêtre. « Il quitta plusieurs de ses hommes d'affaires, dit M. Théolière, et en fut trouver d'autres (ceux du cardinal) qui lui dirent que s'il pouvait obtenir, au lieu d'une lettre comminatoire, un bel et bon interdit, en prenant un autre biais, *avec ce levier puissant*, il viendrait à bout de se débarrasser de moi; que ce biais consistait à fermer l'établissement, subissant ainsi une perte momentanée, dont il serait amplement dédommagé, et qu'il pouvait supporter plus facilement que moi; que par suite, la société dont j'étais commanditaire, ne pouvant exercer son industrie, ne serait pas en mesure de subvenir aux frais du loyer, et qui l'expulserait par défaut de payement à l'époque fixée (4). » Conseils fidèlement suivis. Cette situation étant délicate pour un ecclésiastique, le système de Guillaud, pour triompher, fut de le traîner dans la boue.

En 1854, il dresse ses batteries et ses moyens de siége, envoie son nouvel avocat chez le cardinal pour parler à celui-ci à peu près en ces termes : « Monseigneur, vous avez un prêtre dont la cause s'agite maintenant devant le Tribunal. Vous le savez sans doute, c'est à propos du Jardin d'Hiver. Il faudrait bien l'empêcher de plaider, ça va faire du scandale. Vous savez ce que c'est que cet établissement. » Et l'avocat

______

(1) *Petit Courrier de la Semaine*, 9ᵉ année, 21 septembre. « Il y a peu de jours, de retour d'un pénible voyage, je cheminais fatigué et méditant à travers les rues de la Guillotière qui avoisinent le Rhône. Je rencontrai une humble église, j'entrai : c'était la chapelle du Pradô. J'appris bientôt qu'un prêtre humble autant que pieux avait converti ce lieu, un asile de libertinage, en une providence ouverte à des enfants déshérités de biens et de protections, à des vieillards en proie au dénûment et oublieux des affaires du salut. »

(2) *Cri*, p. 274.

(3) Réponse au mandement de Mgr l'archevêque de Lyon sur la fondation d'une maison de hautes études, p. 9. Lyon, Méra, rue Impériale, 15,

(4) *Cri*, p. 274.

fait valoir toutes les imputations auxquelles un homme de babil déchaîné peut donner du relief.

Or, qu'avait à répondre Son Eminence ? — « Je vous remercie du renseignement que vous me donnez là ; je vais prendre des informations ; si ce prêtre est coupable, et si ce que vous me dites est vrai, je vous promets de l'arrêter. » Puis il aurait fait appeler les hommes d'affaires, apporter les pièces *qu'on aurait examinées soigneusement*, pendant plusieurs heures, après avoir appelé à son aide les conseils les plus éclairés, et après s'être assuré que la passion n'y avait aucune part, il aurait jugé de manière à n'avoir plus à y revenir, ni à être exposé à flotter entre les raisons de celui-ci et de celui-là. Et il aurait dressé et envoyé à la justice son rapport sur cette question. Or, c'est ce qu'il n'a pas fait.

Sous l'empereur Constance, les évêques catholiques comprirent mieux leur rôle. Au concile de Milan, Constance leur disait : C'est moi qui suis personnellement accusateur d'Athanase.

— Athanase est absent, répondirent Eusèbe de Verceil, Lucifer de Cagliari, et les autres évêques catholiques, il ne peut être condamné sans avoir été entendu, la règle de l'Eglise s'y oppose.

— Mais, répliqua Constance, c'est ma volonté qui doit servir de règle. Les évêques orientaux s'y conforment. Obéissez donc, ou vous serez exilés ». Les prélats s'inclinèrent et sortirent. On dit que Constance s'emporta jusqu'à tirer l'épée contre eux. Le lendemain ils étaient conduits en exil par les tribuns militaires. (1)

Le pape Libérius comparut aussi devant Constance à Milan. Tout l'univers, lui dit l'empereur, connaît la fourberie et les crimes d'Athanase. — Il est vrai, répondit Libérius, que certains évêques ont souscrit entre nos mains son acte de condamnation. *Mais les évêques n'ont pas entendu l'accusé*, ils n'ont pas été personnellement témoins des faits qu'on lui reproche. Leur signature est donc le fait de la peur, de la complaisance ou de l'ambition.

— Qu'entendez-vous par là, s'écria Constance ?

— J'entends qu'il s'est trouvé des évêques qui préférant vos bonnes grâces à la gloire de Dieu, ont consenti à condamner un innocent sans l'entendre, sans le juger, sans le connaître. (2)

Pour Mgr De Bonald il fait pleuvoir sur M. Théolière interdit sur interdit en dépit des motifs contradictoires. Observez, s'il vous plaît, ces trois manières de faire et de prononcer. Une première fois l'administration ecclésiastique l'autorise à aller au Jardin d'Hiver pour *voir les livres*. Une seconde fois, après avoir donné imprudemment une lettre à l'avocat de la partie adverse, Son Eminence dit elle-même à M. Théolière : *Soignez bien vos intérêts*, et comment les soignera-t-il s'il ne peut aller en effet au Jardin d'Hiver voir les livres ? Ce qu'Elle appuye d'une lettre pour le président. Puis Elle se laisse surprendre par les adversaires une seconde flétrissure motivée sur l'assignation. Mais Elle la lance *à priori*, toujours sans formes préalables, sans droit, sans raison, sans ombre même de prétexte. Que dites-vous de cela, catholiques romains ? qui mériterait l'interdit ?

3° Un des amis de M. l'abbé lui dit : Parlez de cela à M. Bissardon. D'après le conseil du supérieur des Chartreux, il fait un petit mémoire où il constate que *si l'assignation a été* faite en son nom, c'est bien à tort, puisque le gérant judiciaire du Jardin d'Hiver peut agir malgré lui. Il en envoie une copie à Mgr, et une autre à quelques membres du Conseil. L'avoué de M. l'abbé donne de son côté toutes les explications nécessaires sur les deux sociétés du Jardin d'Hiver à l'avoué de Son Eminence, M. Arnoud qui les transmit à Elle-même (2).

Au retour d'une absence, M. l'abbé trouva la lettre suivante :

Archevêché de Lyon, 25 octobre 1854.

J'ai lu au Conseil, Monsieur l'abbé, les papiers que vous m'avez envoyés ; nous sommes disposés à vous permettre de dire la messe ; mais ce sera à condition que vous ne mettrez jamais les pieds au Jardin d'Hiver.

Agréez, M. l'abbé, l'assurance de mon sincère dévouement.

« † L.-J. Card. DE BONALD, *archevêque de Lyon.* »

C'était la seconde fois que la manœuvre de ses adversaires était déjouée, Quant à ne pas mettre les pieds au Jardin d'Hiver, il observait déjà ce point, il continua de l'observer « pour deux raisons, dit-il : 1° Son Eminence me l'avait demandé ; 2° mon adversaire et ses gens m'y auraient reçu à coups de trique. » Ils ne se rebutèrent pas, et Guillaud refusa toujours d'ouvrir l'établissement.

Quatre mois après, lui qui avait tenu fermé le local, il intentait à M. Théolière, comme celui-ci l'avait prévu, un procès devant la Cour pour avoir le prix intégral de la location, 4,000 francs (2).

Nouvelles instances auprès de Son Eminence pour obtenir un autre interdit. Sans lui il ne pouvait pas, il ne voulait pas plaider. Aussi il fallait voir les visite de ses hommes d'affaires se succéder rapidement chez le Cardinal. » Pouvait-il, dit M. Théolière, douter de l'usage qu'allaient faire mes adversaires de cet arme dangereuse, l'interdit, lorsqu'il les voyait revenir ainsi avec une persistance acharnée, lui redemander cette arme meurtrière qu'ils craignaient tant de se voir enlever, lorsqu'il les voyaient éperdus, courir en désespérés pour la ressaisir, parce qu'elle s'était échappée une première fois de leurs mains. Mais il ne pouvait pas l'ignorer, je l'en avais averti, et le bon sens le crie assez haut ; que cette arme puissante et terrible allait me porter le coup mortel, s'il avait l'imprudence ou la faiblesse de la replacer entre leurs mains sanglantes, je sais qu'il est pour toutes les positions des circonstances difficiles, mais il ne faut pas de la fermeté seulement contre *le faible.* Il faut s'en tenir à sa parole une fois donnée, surtout sur une *question qui a été décidée une bonne fois en plein conseil,* sans prendre souci des clabauderies de gens que l'on sait, intéressés à tromper (3).

Or donc une troisième fois, quoique M. Théolière aît religieusement rempli la condition unique de ne pas mettre les pieds au Jardin d'Hiver, quoique Son Eminence aît jugé nul le motif de l'interdit précédent (l'assignation), il reçoit la lettre suivante :

(1) *Cri,* p. 26 et v. appendice.
(2) *Cri,* p. 27 et 276.
(3) *Cri,* p. 148.

Archevêché de Lyon, 2 mars 1855 (1).

Monsieur,

Son Eminence a arrêté en son Conseil, que vous vous ne pouviez pas dire la messe, tant que vous seriez actionnaire au Jardin d'Hiver, ou attaché à son affaire.

Je suis avec une parfaite considération, votre très humble serviteur,

BAROU, vicaire-général.

La forme de cette lettre est différente de celle du 18 octobre 1854, mais c'est toujours la même iniquité, sans que M. l'abbé eût fourni un nouveau prétexte, et que ses hommes d'affaires eussent été consultés. Son Eminence s'était-elle donné une fois seulement la peine de prendre connaissance des actes authentiques : conventions entre Guillaud et M. Théolière et décision de la Cour d'appel. « Je n'étais point actionnaire du Jardin d'Hiver, dit-il, j'avais demandé et obtenu la dissolution de la société dont je faisais partie bien avant l'interdit. Pendant et pour la liquidation de cette société, j'avais à soutenir des procès qu'il n'était en mon pouvoir ni d'empêcher ni d'accélérer, vu que je ne pouvais aller plus vite que le tambour. Dépendait-il de moi de me détacher mieux et plus tôt? Et me donnait-on là un beau moyen en me créant cette difficulté imprévue et insurmontable de l'interdit (2)? »

Malgré la différence de forme dans ces lettres, c'est toujours pour la défense de ses intérêts et de ceux des tiers, que M. Théolière est interdit; ce que le successeur de M. Barou, aujourd'hui évêque de Nîmes, a rendu tout-à-fait très-clair par cette déclaration officielle :

« Monsieur l'abbé Théolière *avait été interdit à cause de ses procès.*

« PLANTIER, vicaire-général (3). »

De tous côtés on criait à M. Théolière : *Mais le cardinal était votre père, il devait vous défendre.* A quoi il répondait invariablement : Passe encore de me défendre, s'il se fût seulement abstenu. C'était bien la moindre chose qu'il avait droit d'attendre du cardinal, qui ne pouvait succéder à un apôtre sans s'engager à remplir la charge non d'un proconsul, mais d'un apôtre; qui, acceptant celle de soigner la province lyonnaise, dut assumer sur lui l'obligation de son prédécesseur. Le jeune homme arraché par l'évêque à sa famille, pour être employé aux travaux évangéliques, a droit de compter sur les soins et la protection de l'évêque, lié par une sorte de contrat et établi comme ministre de la charité de Dieu, *charitatis tuæ præficis ministros.* Que voulez-vous, dit-on pour excuser Son Eminence ? Les flatteurs.... les affaires.... Un administrateur est à plaindre, on lui cache la vérité. Dites ce que vous voudrez, mais la victime de la calomnie n'est-elle pas à plaindre davantage? Et faut-il porter le respect pour l'autorité jusqu'à dire qu'elle peut écraser un innocent sous les coups de massue, et que c'est lui qui a tort.

4° M. de Chantelauze, énormément fatigué de cet interdit, parle d'aller à l'instant à l'archevêché. Son neveu ne voulant pas l'exposer à une mauvaise réception, le supplie de n'en rien faire (4). Et lui-même, avec

(1) *Cri*, p. 142. (2) p. 27.
(3) *Cri*, p. 307.
(4) *Cri*, p. 159.

l'assurance que donnent le bon droit et la justice, il va affronter l'archevêque.

« Un peu surpris de ce nouveau coup, dit-il, je vins demander au cardinal ce qui était survenu.

— Ah ! on est encore venu, j'ai eu la visite d'un magistrat, me dit Son
Eminence, en me recevant entre deux portes.

— Pourrai-je sans indiscrétion, Eminence, vous demander quel est ce
magistrat, et ce qu'il a pu vous dire de plus nouveau et de si grave, pour
que vous ayez pu revenir ainsi sur la dernière décision prise à mon égard
en plein Conseil?

— Vous pouvez le voir, vous pouvez le voir, c'est M. Onofrio.

Je fus donc trouver ce magistrat pour le prier de me dire quel avait
été l'objet de sa visite au cardinal qui me renvoyait à lui. Il me répondit :
C'est que vous avez envoyé une assignation à M. Guillaud à propos du
du Jardin d'Hiver, et j'ai cru devoir en prévenir Son Eminence.

— Vous n'avez pas eu à lui apprendre autre chose?

— Non.

— Mais si ce n'est que cela, la chose est jugée : elle a été jugée dans le
Conseil de l'archevêché, il y a quatre mois, et la décision a été en ma
faveur.

— Ah! je l'ignorais tout-à-fait.

Je le crois bien : nos adversaires s'étaient bien gardé de lui dire
qu'ayant échoué dans leur première tentative, ils voulaient se servir de
lui comme d'une *nouvelle ficelle*, pour s'assurer cette fois d'un interdit
solide. (Il est clair qu'en entendant plusieurs accusateurs, Son Eminence
était portée à croire qu'il y avait un houra général, tandis que les diverses
accusations ne venaient que de la même source.) Je ne crus pas devoir
faire de nouvelles observations à M. Onofrio, quoiqu'il y eut bien lieu,
et lui indiquer ce qu'il y avait à faire pour détruire le mauvais effet de sa
visite. Je pensais qu'en bon catholique, il retournerait spontanément
chez le cardinal, autant par un sentiment de justice que par une impulsion
de charité; je ne me suis pas aperçu qu'il l'ait fait, au contraire.

Je revins trouver le cardinal pour lui expliquer que ce n'était qu'une
nouvelle intrigue; que M. Onofrio ne m'avait rien allégué de nouveau;
que c'était toujours l'affaire de l'assignation déjà jugée, et jugée dans son
Conseil (1).

— Il faut absolument que vous renonciez à ces procès.

— Mais je ne le puis pas, Eminence, la position est changée; il s'agit
maintenant de sommes énormes; des amis m'ont obligé pour me soutenir,
il faut bien que je fasse honneur à mes affaires.

— Nous ne pouvons pas tant que vous serez dans ces procès.

— Mais vous voyez bien que mes adversaires vont abuser de ce moyen
qu'ils ont extorqué à Votre Eminence; si vous ne levez pas cet interdit,
vous allez être cause de ma ruine; je serai plus tard à votre charge.

— Peux pas, peux pas.

____

(1) *Cri*, p. 28, 468 et 469.

— Vous défendez bien vos intérêts ?

— Ce n'est pas la même chose.

— Vos intérêts sont sans doute plus grands que les miens; mais les miens, si petits qu'ils soient, j'ai le droit de les défendre, aussi bien que vous les vôtres.

Cela ne lui fit pas d'impression; voilà tout ce que je pus en obtenir (1) ».

Un avoué avait pourtant dit à M. Théolière, au sujet du procès intenté contre le cardinal par les héritiers indigents de Mlle de la Balmondière : C'est bien une autre affaire que la vôtre, le cardinal est accusé de captation (2).

Pour M. Théolière, il s'agissait des intérêts de ses amis engagés pour 20,000 francs, du patrimoine de sa sœur Henriette, du sien, et des droits acquis. *C'est tout comme si le cardinal vous disait de prendre la lune avec les dents*, lui dit l'avoué M. Groz, est-ce qu'il dépend de vous que les gens vous suscitent des difficultés, et partant d'avoir des procès ? M. Groz fut trouver M. Arnoux, avoué de son Eminence, pour l'engager à lui faire des représentations. Tout fut inutile (3). Et pas d'officialité pour demander appui contre la puissance *sans contrôle* du cardinal, et contre des adversaires qui allaient faire de l'interdit un usage facile à prévoir. Celui qui trouvera invraisemblable cette manière de faire, n'aura qu'à se rappeler la dureté, les hauteurs, les emportements de certains dignitaires ecclésiastiques, cette outrecuidance avec laquelle ils foulent aux pieds ceux de leurs administrés qui n'ont pas des titres de noblesse, ou des parchemins et surtout des rentes, alors il se fera une idée d'un évêque qui croit que le soleil luit seulement pour Sa Grandeur.

Mgr de Brézé ayant imposé au diocèse de Moulins la liturgie romaine, un prêtre vint lui dire : Mgr, laissez-moi, je vous en supplie, mon bréviaire; sur la fin de ma vie, je ne vois guère lire, pour prendre un bréviaire nouveau. — « Si vous ne savez pas lire, répond le PRÉLAT, vous retournerez à l'école ». Rien que cette dérision (Dieu a la dérision en horreur) (4) accrédite le mot; l'épiscopat est une religion faussée. Et puis il faut entendre les évêques se plaindre de l'esprit de rébellion du clergé.

Mgr Brézé n'est pas encore devenu cardinal. Malheur au caractère timide et craintif ayant affaire à ces messieurs-là, qui ont, oui ou non, pour ancêtres des pairs de France, et qui *n'ayant jamais su obéir ne savent pas commander*. Ils ne visent qu'à une chose, faire voir qu'ils ont l'autorité (5). Je ne suis rien de moins que commandant, raisonnent-ils en eux-mêmes, j'aime mieux que le bien ne se fasse pas, que s'il se faisait sans mes ordres et mon autorité. (Imitation du *Médecin* de Molière.)

« Il s'en trouve, dit Origène, qui abusent de leur autorité pour accabler les petits et les pauvres, sous le poids des plus rigoureuses menaces, ne conservant nulle égalité dans le gouvernement de leurs sujets; quand ils devraient au contraire songer que si la modestie et l'équité sont le

(1) *Cri d'une Victime*, p. 56.

(2) *Cri*, p. 55.

(3) p. 141.

(4) Pro.; 19, 29, *parata sunt derisoribus judicia*.

(5) Voir la forme des encycliques, bref, bulle d'immaculée Conception.

devoir strict de tous les chrétiens, elles sont plus spécialement encore obligatoires pour ceux qui sont revêtus des dignités de l'Eglise (1). »

Philippe, roi de Macédoine, fait ici la leçon à Mgr de Bonald.

Rendez-moi justice, lui disait une femme, ou cessez d'être roi. Et il lui rendit justice. Pourquoi Son Eminence se fait-elle prier par M. Théolière? Pourquoi ne se met-elle pas au moins cette fois-ci en devoir de dresser à la justice un rapport selon la vérité, d'après les pièces, et fait-elle précisément tout le contraire ?

Les adversaires à qui rien ne coûtait pour leur cause, essayèrent d'indisposer M. de Chantelauze contre son neveu. N'ayant pas pu réussir à l'effrayer par une calomnie honteuse, ils firent courir le bruit qu'il l'avait chassé de chez lui. Ce qui fit dire à quelques-uns : Il faut que M. Théolière n'aie pas aussi raison qu'il le prétend; car son oncle, cet homme si digne d'égards sous tous les rapports, n'eût pas manqué de parler en sa faveur à Son Eminence et aux magistrats. L'inculpé répond à cela : M. de Chantelauze avait eu un jour la bonté d'aller trouver l'archevêque pour qu'il ne me laissât pas sans position. Le soir à dîner, il me dit : L'abbé, j'ai fait pour toi aujourd'hui ce que je n'avais jamais fait de ma vie.

— Quoi donc, mon oncle?

— J'ai fait antichambre pendant plus d'une heure chez Mgr de Bonald.

— Je répartis gravement : Mon oncle, cela ne vous arrivera plus. — J'ai tenu parole, il m'avait offert d'aller à l'archevêché le jour même de mon interdit..... je refusai. *Stultus ego*, je comptais sur mon bon droit. Et puis, je savais déjà qu'il est des gens pour qui les hommes tombés, fût-ce au péril de leur vie, sur les débris d'un trône douze fois séculaire, comptent pour bien peu (2).

5° Il fallait pourtant chercher à paralyser la démarche de Guillaud à bout de moyens pour parvenir à dépouiller, et mettre une bonne fois dehors M. Théolière. Celui-ci crut qu'au lieu de retourner chez M. Onofrio, il valait mieux aller trouver son supérieur, M. Devienne, premier magistrat du parquet. « Je me rendis incontinent chez lui, dit M. l'abbé. Il me fit l'effet d'un grand inquisiteur en déshabillé, car tenant constamment la main entr'ouverte sur les yeux, pour m'observer et me scruter, il me demanda quel jour le procès devait être plaidé devant la Cour, quel était l'avocat-général qui devait y assister. J'eus la bonhomie de le lui dire tout simplement; mais je m'aperçus bientôt que je m'étais confessé au diable (M. Théolière ignorait que M. Devienne était parent de Guillaud ; mais Guillaud le savait bien); car cet avocat-général, qui avait parlé et conclu en ma faveur dans une précédente affaire, se montra tellement tourné en cette dernière et véhément, que je dus soupçonner qu'il avait reçu un mot d'ordre.

Je fus donc raconter cette déconvenue à l'excellent supérieur de St-Jean, M. Surieux, qui avait la bonté de me témoigner beaucoup d'intérêt et d'amitié. Il voulut bien aller trouver un des conseillers, M. Desp... qui lui dit qu'il ne comprenait pas comment M. Théolière n'avait pas protesté contre les insinuations graves et acerbes de ce magistrat.

(1) Orige. *in Matth.* Comment. Tome XVI, Cap. VIII. Patrol. grec, tome XIII. Col. 1394.
(2) *Cri.* p. 158.

Je fus en conséquence trouver, comme toujours mon bon oncle M. de Chantelauze, pour prendre son conseil, après avoir rédigé une courte protestation que je lui soumis. Il me répondit : Tu feras bien de demander à dire cela, c'est très-digne et très-convenable » (1).

VI

DERNIERS PROCÈS

1° Tache pour le Cardinal. — 2° M. Théolière rebuté par les juges qui se déclarent incompétents. Guillaud expulsé par Flandrin. — 3° Procès de la location perdu. Mot de M. Thiers. Une comparaison. — 4° Dernier procès perdu. Témoignage de M. Surieux. — 5° Anecdote sur Flandrin. Interdit levé. Lettre de M. de Chantelauze. — 6° Faillite de Flandrin.

1° Tels étaient les embarras où Son Eminence avait jeté M. Théolière. Comment pourra-t-elle se laver jamais de cette violation du droit des gens? Pas moyen d'alléguer une surprise en présence de ces gens qui n'avaient du zèle pour la discipline ecclésiastique qu'à la veille de chaque nouveau procès, et qui aussi bien qu'Elle-même le laissaient en paix le reste du temps. Quoi donc pouvait la dispenser de se faire apporter les pièces de cet accusé, d'autant plus qu'il s'était conformé aux ordres de l'archevêché et qu'il n'était poursuivi l'épée aux reins par ses adversaires que parce qu'il avait pris trop peu de part à la gestion du Jardin d'Hiver. Où est donc la justice si elle n'est pas dans un archevêque? Il est écrit : Ne condamnez qui que ce soit sans l'avoir interrogé (2), pas même un coupable. Dieu accusant le pécheur, lui demande s'il n'a rien à alléguer pour se justifier (3). Jésus-Christ, dont Son Eminence tient à être le représentant, ne jugeait pas selon les ouï-dire (4). Pris au Jardins des Olives, ce qui l'intéressait, c'était ses apôtres. Laissez aller ceux-ci, disait-il à ses ennemis. Mais pourquoi citer de si grands exemples? Les tribunaux civils traitent les accusés avec égard et respect. Ils reçoivent les témoignages à décharge avec plus d'empressement que les témoignages à charge. Les juges comparent les rapports des témoins, se consultent, considèrent attentivement les circonstances atténuantes, tant la nature humaine frémit quand il faut exercer la rigueur sur son semblable. Et vous, archevêque de Lyon, vous n'avez pas eu pour M. Théolière, votre prêtre, dont les antécédents n'ont pas été sans quelque illustration, votre prêtre que vous deviez défendre en public et en particulier contre ses détracteurs et ses ennemis au milieu desquels il se débattait, comme une victime prise en un piége, vous n'avez pas même eu pour votre prêtre les égards qu'on a pour un criminel méritant la peine capitale.

En accordant aux adversaires, la veille du procès, cette flétrissure qu'ils désiraient tant pour le triomphe de leur cause, en leur livrant cet homme loyal, équitable et magnanime, vous vous êtes frappé vous-même par cette grave infraction aux droits divin, naturel et canonique. Elle a été comme un glaive à deux tranchants qui a fait plus de mal à vous-

(1) *Cri*, p. 468.

(2) *Eccli*, 11, 7.

(3) Isaïe, 43, 26.

(4) Isaïe, 3, 9.

même et à l'Eglise de Dieu qu'à votre victime. Aujourd'hui je ne dirai pas où est l'honneur épiscopal, c'est-à-dire l'héroïsme du dévouement qui est son caractère spécial? Mais sur ces siéges élevés qu'il faut donner à un archevêque, au milieu de cette foule d'adorateurs et de ces hommages obligés, de ces noms de Monseigneur, Votre Eminence, Votre Grandeur, et de toutes les armoiries, je cherche l'honnêteté la plus simple et la plus vulgaire, et je ne la vois pas. Son Eminence, il est vrai, ne va pas se mettre à genoux aux pieds des juges pour demander la condamnation de M. Théolière; mais son acte, d'après le proverbe *les écrits restent,* est d'une bien plus grande portée. Il ne s'agit pas moins que de dénoncer publiquement M. Théolière comme un homme sans probité, et à la prière de ses adversaires et tout en étouffant ses cris, de l'agiter par des commotions terribles, de lui créer une situation pleine d'ennui pour le présent, et des jours amers pour l'avenir; non-seulement les adversaires ont obtenu plus qu'ils n'avaient demandé et espéré, plus qu'il ne leur fallait, des *interdits pour procès*, mais quelle bonne aubaine pour eux, ces interdits sont solennellement notifiés aux gens du Tribunal, à MM. Devienne, Onofrio, etc.; grave infraction aux règlements. Encore une fois, était-ce nécessaire pour sauvegarder la discipline ecclésiastique et pour éviter le scandale? Savez-vous quand a commencé surtout le scandale, dit M. Théolière? c'est quand mes adversaires sont venus, l'interdit à la main, faire croire ainsi au public tout ce qu'il est possible de croire sur un prêtre interdit : qu'au Jardin d'Hiver je servais la bière en manches de chemise, la pipe à la bouche et le tablier blanc, que je tenais le comptoir, que je faisais à peu près tout et d'autres choses que saint Paul défend de nommer. Comment voulez-vous qu'on allât s'imaginer que c'était seulement à propos de procès pour mes affaires temporelles. Le public sait bien que nous ne sommes pas incapables de posséder; il a dû supposer logiquement que toutes les imputations de mes adversaires n'étaient point calomnieuses mais bien fondées, puisqu'elles étaient ainsi châtiées par Mgr l'archevêque. Ainsi ai-je totalement été perdu dans l'opinion (1). Quelqu'un lui dit : Moi laïque, à votre place, je gagnerais cette cause; mais vous, ecclésiastique, vous la perdrez à cause de cet interdit (2).

Un enfant de dix ans, concluerait lui-même, que si son Eminence ne veut pas voir M. Théolière réclamer des fonds au Jardin d'Hiver, c'est que d'après elle, il n'y possède rien. Défendre en présence du tribunal, et la veille d'un procès d'être attaché à cette affaire, l'interdire parce qu'il *ne s'en détache pas, pour assignation, à cause de ses procès, c'est déclarer sa cause mauvaise.*

Donc, d'après Son-Eminence, la mauvaise foi est de son côté.

Donc, d'après Son Eminence, on doit tenir la brasserie fermée.

Et puis voyez donc ces conséquences absurdes : M. Théolière doit tout de même en payer la location; et doit être expulsé de l'établissement, il doit non pas plaider, mais abandonner ses fonds et ceux des autres.

Dès lors que pour un interdit, peine grave et diffamante, il faut un délit grave, peut-il y avoir un acte qui soit plus de nature à trancher théologiquement un procès que cet anathème d'un dignataire de l'Eglise? Dans

(1) *Cri,* p. 151.
(2) Témoignage d'un prêtre des environs de Saint-Etienne.

les procès, malheur à ceux qui ont contre eux les préventions et surtout les antécédents. On connaît le proverbe :

> En guerre, en amour, en procès,
> Un rien produit de grands effets.

On sait quel parti les avocats tirent du moindre détail. Ici ce n'est plus un rien ; c'est un manifeste du chef de l'Eglise de Lyon, contre la cause de M. Théolière. Et pour se déclarer contre cette cause, Son Eminence s'aide de tout son crédit, de toute son autorité, et n'épargne aucun moyen ; il lui faut les foudres de l'Eglise. Comment soupçonner que ce prêtre fût dans ses droits ! Il n'y a pas très-longtemps encore, un personnage occupant une position honorable jetait la déconsidération sur sa probité et sa bonne foi. Plus loin nous verrons M. de Chantelauze être obligé de le disculper d'avoir manqué à la *délicatesse* et à la *probité*.

Mais devant un tribunal, tout interdit, même sans que le motif en soit connu, déconsidère et dégrade entièrement un homme. « Ce n'est qu'un prêtre interdit ; donc c'est un malhonnête homme, défions-nous de ses paroles, de ses actes, de ses moyens. »

On sait quelle fut contre Jeanne d'Arc la portée de cette sentence ecclésiastique : « *In nomine Domini, amen.* Nous évêque de Beauvais, et
« nous frère Jean Lemaître, vicaire de l'inquisiteur de la foi, juges com-
« pétents en cette partie. Tu es retombé dans les erreurs et crimes de
« schisme, d'hérésie et d'idolâtrie, d'invocations du diable et plusieurs
« autres méfaits qui t'avaient été pardonnés. Tu es revenue malgré tes
« promesses aux erreurs et méfaits qui t'avait retranchée de la Sainte
« Eglise, *semblable au chien qui a coutume de retourner à son vomir, ce que*
« *nous disons à grande douleur.* Pour quelle cause nous te déclarons
« avoir encouru de rechef les sentences d'excommunication prononcées
« contre toi, et *te déclarons hérétique*, séants au siége et tribunal de jus-
« tice ; que comme membre pourri, nous t'avons déboutée et rejetée de
« l'unité de l'Eglise et t'avons livrée à la justice séculière, laquelle nous
« prions de te traiter doucement et humainement, soit en perdition de
« vie ou d'aucun membre. » Oh! la grande modération et religion de Mgr, il n'avait condamné Jeanne que parce qu'elle avait dit : *soit bons, soit mauvais esprits, ils me sont apparus.* L'appariteur Massieu, curé de Saint-Cande, à Rouen, ayant rendu un bon témoignage en faveur de la Pucelle, Sa Grandeur l'avait menacé de lui faire *boire de l'eau plus que de raison.* Hélas ! dit la Pucelle à l'évêque, *je meurs par vous.* La seule sentence du juge ecclésiastique fit conduire Jeanne au bûcher.

Quoique ce nouveau Pilate fut évêque, on n'a pas assez de foudre à lancer contre lui et l'Eglise a fait retomber les anathêmes de Cauchon sur lui-même.

« Nous prononçons, disent les juges nommés par le pape, et déclarons
« lesdits procès et sentences dol, calomnies, iniquités contenant erreur,
« manifeste de droit et de fait ; exécution, et tout ce qui s'en est suivi, nuls,
« invalides et de nul effet..... les cassons, annulons et leur ôtons toute
« leur force, déclarons la dite Jehanne n'avoir encouru en cette occasion
« aucune tache d'infâmie, et être exempte et purgée de tout effet desdits
« procès et sentences. »

Si dans l'affaire de Jeanne d'Arc, il n'est pas logique de conclure du fait de sa condamnation au droit de la condamner, serait-ce logique dans l'affaire de M. Théolière de conclure de l'interdit au droit d'interdire ? N'est-ce pas plus logique et plus naturel de conclure du droit contre l'interdit, et de dire : Si la sentence de l'évêque de Beauvais a suffi pour faire brûler Jeanne rien que parce qu'elle disait : *Soit bons, soit mauvais esprits, ils me sont apparus,* que n'avait-on pas à redouter de l'anathème de Mgr de Bonald contre M. Théolière plaidant pour sauver son patrimoine ?

Beaucoup de personnes d'un grand sens m'ont dit à moi-même : M. Théolière était interdit, et il plaidait, il ne pouvait pas gagner, sa cause était perdue d'avance.

M. Mouillaud, un des meilleurs avocats de Lyon, disait à M. Moretton, aujourd'hui curé de Villars : Je n'ai pas voulu me charger de cette affaire, parce que j'ai bien vu que M. l'abbé Théolière étant interdit, sa cause était perdue d'avance (1).

Avant de plaider pour lui, maître Roche lui fit des instances pour qu'il fît une visite au président de chambre, lui disant que *c'était l'usage,* que les juges aimaient à être prévenus, que sans cela il ne plaiderait pas. Me résignant donc, dit M. l'abbé, je fus trouver M. B... qui me reçut poliment, me dit même des choses agréables.

Après avoir entendu un petit exposé de mon procès, il m'invita à lui en apporter les pièces. Au jour indiqué je fus exact à revenir ; mais je ne lui trouvai plus le même visage, et j'en eu bien vite l'explication. Dans l'intervalle il avait appris l'interdiction, ce qu'il me fut facile de comprendre par les paroles très-brèves qu'il daigna m'adresser. « Je ne comprends pas comment vous osez vous présenter dans l'état où vous êtes, un prêtre interdit ! » (ces derniers mots entre ses dents), et comme je voulais lui rappeler qu'il m'avait invité à lui apporter les pièces, il m'ajouta : « Vous déshonorez la soutane, c'est inutile, le tribunal jugera (2). »

C'est absolument le raisonnement de tout-à-l'heure, mais avec une conclusion beaucoup plus étendue.

Premier raisonnement : Son Eminence ne veut pas qu'il donne suite à l'assignation, mais qu'il renonce à cette affaire, c'est pour cela qu'Elle l'interdit. Donc, d'après Elle, sa cause est mauvaise. Raisonnement du juge : Vous êtes interdit, donc votre cause est mauvaise.

Il n'allègue même pas les mots : *pour procès, d'après Elle.*

Voilà qui explique parfaitement le peu d'intérêt et la froideur des juges pour cette cause.

Le tribunal de police correctionnelle de Lyon eut à s'occuper de l'escroquerie de Flandrin dans l'affaire de la prétendue brasserie de Rive-de-Gier. Le président, M. Jourdan entendant M. Pine-Desgranges faire mousser l'interdit, crut n'avoir rien de mieux à faire pour l'arrêter que de se déclarer incompétent; et pourtant il y avait là une escroquerie bien constatée; mais l'interdit! Pine-Desgranges sortit en frappant des mains, dansant et riant, ha! ha! ha! d'avoir si bien réussi à donner le change au président. « Vous pouvez bien rire de la sorte, lui dit M. Théolière! » « Lors du procès entre les sieurs Guillaud et Flandrin, dit M. l'abbé, dans

(1) Voir aussi le sentiment de plusieurs juges et magistrats, *Cri,* p. 350 et 447.
(2) *Cri,* p. 279.

lequel on me faisait intervenir *invitus*, je crus devoir aller montrer au président de Chambre de la Cour, les conventions antérieurement enregistrées entre le sieur Flandrin et moi, auxquelles ce procès me paraissait subordonné, afin que mes droits ne fussent pas englobés dans la sentence à rendre, mais réservés, si toutefois on ne pouvait pas par la même sentence les consacrer définitivement, tout en en faisant la distinction, et pour ne pas trop multiplier les procès, ajoutai-je (1). » Outre la convention du 16 octobre 1852 (2) dont Flandrin n'avait pas voulu remplir les conditions, aucune machine n'ayant paru, M. Théolière avait entre mains le rapport de l'architecte Exbrayat, expert nommé par le tribunal, constatant la dévastation du Jardin d'Hiver par Flandrin. « M. le président, continue M. l'abbé, après avoir pris connaissance des susdites conventions, me dit : « *Nous ne pouvons pas prononcer là-dessus dans l'affaire pendante. Il vous faut intenter un autre procès différent à Flandrin devant le tribunal de commerce* (3). La Cour ne peut pas statuer sur la convention du 16 octobre 1852, vu que cette affaire n'a pas été portée devant cette première juridiction. »

Il paraît bien cependant que son affaire ne pouvait arriver en temps utile que dans ce premier procès contre Flandrin (4) ; néanmoins il se soumit à l'injonction du président.

L'affaire entre Flandrin et Guillaud se plaide. Flandrin accusé par son vendeur de ne pouvoir pas fournir hypothèque, tira une bourse contenant l'argent de M. Théolière et de plusieurs autres : « Vous me demandez, dit-il, une garantie de trente mille francs : les voilà (31 mai 1855) (5). » Il gagna son procès, et Guillaud avec toutes ses ruses avait travaillé pour Flandrin. Il fut expulsé.

Arriva l'affaire de la location, dont Guillaud exigeait le prix, soutenant qu'il avait tenu la brasserie ouverte. Le tribunal par devant lequel se plaidait le procès se composait de trois juges dont l'un était M. B.... celui qui avait eu pour M. Théolière deux visages, l'un très-bienveillant, puis un autre courroucé après avoir su l'interdit (6). Le jour indiqué pour continuer l'affaire, d'après le conseil ou l'indication donné au supérieur, M. Théolière se présenta à la barre de la Cour, au commencement de l'audience ; mais il avait remarqué avec peine l'absence du conseiller qui l'avait engagé à la protestation. Il demanda la parole au président pour répondre aux accusations de M. Devienne, parent de Guillaud. « Le président, continue-t-il, s'empressa de me dire : M., vous n'avez pas la parole. Pendant cette seconde, je vois la porte de derrière s'ouvrir et M. Desp... apparaître ; je reprenais courage et voulais insister : M. le président, je demande à dire seulement deux mots pour *protester* ; mais pendant cette seconde je le vis disparaître comme l'éclair, il m'avait entrevu à la barre, et avait jugé à propos de battre en retraite, durant que le président, M. Séris..., tenait bon pour me répéter : M., vous avez un avocat, vous

(1) *Cri* p. 116.

(2) *Cri*, p. 291.

(3) *Cri*, p. 116.

(4) P. 301.

(5) *Cri*, p. 291.

(6) *Cri*, p. 279.

n'avez pas la parole. Tout cela s'était passé bien plus rapidement que je ne le puis raconter (1). » Ce refus du président, M. Seris..., cette disparition de M. Desp... prêt à faire son signe de croix en voyant M. Théolière, quoiqu'il se fût d'abord intéressé à lui, montrent qu'avant l'audience ces messieurs avaient eu au sujet de l'interdit un entretien auquel M. Devienne n'était pas étranger. « On ne nous débarassera donc jamais *de ce prêtre interdit qui déshonore la soutane,* » s'écria d'une voix retentissante le sieur Humblot, avocat de Guillaud et de Son Eminence (2). Sans entrer aucunement dans le fonds de la question, il ne fit d'un bout à l'autre de son discours que tourner et retourner dans tous les sens cet interdit pour procès, cette condamnation de la cause Théolière par Mgr de Bonald, et frappa le tribunal et les assistants de stupeur. On se demanda quel pouvait être cet homme qui allait ainsi jusqu'à refuser le prix d'une location, en dépit de toutes les peines de l'Eglise.

C'est un petit membre que la langue, dit un apôtre, mais elle soulève de grandes tempêtes (3). Cela soit dit en passant contre tout avocat qui se permet des insinuations perfides contre ses adversaires, dès qu'il trouve la moindre prise, les noircit et brouille les cartes pour interloquer leurs défenseurs, et leur faire perdre contenance de manière que les juges ne soient pas impressionnés de leurs raisons. « Le discours, disait Isocrate, a naturellement la vertu de rendre les grandes choses petites, et les petites, grandes (2). » Par leur babil, à force de détours et de périphrases, un grand criminel paraîtra quelquefois un innocent auquel le public s'intéressera. Milon de Rome n'était que l'assassin de Clodius. Or, à entendre Cicéron, Milon pour ce fait méritait une récompense, c'était un homme de bien. Mais d'autrefois d'un innocent les avocats feront un coupable. C'est aux juges, disent-ils pour leur raison, à voir et à ne pas se laisser prendre.

La réplique de l'avocat de M. Théolière était bien de nature à renverser l'échafaudage du sieur Humblot. Sa conclusion fut qu'il fallait aller aux renseignements, faire une enquête chez le portier du Jardin d'Hiver, chez les voisins dont les hauts appartements plongeaient dans l'établissement, afin de s'assurer s'il avait été ouvert; mais M. Théolière et son défenseur eurent beau présenter des raisons et des protestations, le tribunal refusa de faire l'enquête.

« Je ne dis pas, dit M. Thiers, que la justice humaine soit infaillible, « non, elle est humaine. Les Arts la représentent avec une balance ou « elle pèse les intérêts, et avec un bandeau sur les yeux pour ne point « voir de quel côté ils penchent, mais il arrive quelquefois qu'elle cher-« che à voir sous le bandeau (3). »

« Sans l'interdit, dit M. Théolière, les juges n'auraient pas refusé une enquête très-facile, puisque l'établissement était dominé par des maisons de quatre étages, découverts, ou seulement en grande partie recouverts en verre, de sorte que indépendamment de l'entrée on pouvait bien voir s'il avait été ouvert au public. Le gérant judiciaire eût été entendu, le concierge, les jardiniers et autres serviteurs auraient pu affirmer avec lui que la brasserie n'avait pas été ouverte, etc. Ils auraient pu dire aussi que

(2) *Cri*, p. 468.
(2) Eloge d'Athènes.
(3) Discours à la Chambre, 4 décembre 1867.

je n'y paraissais que très-rarement, et jamais quand une fête y était
donnée (1). » Mais les juges ne soupçonnaient pas que Son Eminence eût
agi à la légère en commandant sous peine grave de payer cette location.
Parler autrement qu'Elle, dirent les juges, c'est absoudre la déloyauté,
compromettre notre conscience et notre honneur. Ils firent ce que tout
homme de bonne foi, ce que vous et moi aurions fait, ils ne firent que répéter l'arrêt du Cardinal.

M. Théolière fut condamné d'abord, lui seulement, commanditaire de
la société de la brasserie, à payer la somme énorme de quatre mille francs,
pour cette location dont le gérant judiciaire n'avait pas joui (2), Guillaud
ayant constamment refusé d'ouvrir les vastes locaux destinés à l'exploitation. Les hommes d'affaires de M. Théolière virent bien que la religion
des juges avait été surprise. Après cet arrêt : *Ce qui vous a fait perdre,* lui
dirent-ils, *c'est cet interdit du Cardinal, il faut absolument le faire lever.*
Il est bien évident que les droits de M. Théolière n'étaient pas moins
réels après l'interdit qu'avant. Pourquoi les juges ont-ils méconnu cette
fois ce qu'ils avaient admis auparavant ?

« Un homme pour peu qu'il ait le sens commun, écrit M. Théolière au
Cardinal (3), ne comprendra jamais qu'il soit possible qu'un locataire perde
un procès pareil, sans qu'un moyen insolite et puissant ait été employé
contre lui. Supposons, en effet, un procès semblable au mien. Un chef
d'atelier loue un local propre à l'exercice de son industrie, moyennant
un bail à long terme de 5,000 francs et plus, c'est sur les soies, les fers,
l'imprimerie, ou sur l'orge et le houblon, peu importe. Le propriétaire
mécontent de cette location prend le parti de fermer tout le vaste local
propre à l'exploitation de l'industrie, et lui laisse seulement à peine un
coin dans les caves ou au grenier pour remiser son matériel. Au bout de
l'an il réclame le payement intégral du loyer devant les tribunaux. Pensez-vous qu'il se trouve un tribunal qui condamne ce chef d'atelier ?
Ainsi en serait-il d'un notaire, d'un agent de change dont le propriétaire
aurait fermé le cabinet, l'étude, ne leur laissant qu'une chambre à
coucher. Supposons un moment que vous-même au lieu d'avoir un palais
tout meublé aux frais de la ville ou du gouvernement, vous vous trouviez
à loyer chez un grand propriétaire, que ce dernier s'obstine à tenir
fermés les locaux de votre administration, les cabinets de vos grands
vicaires, les bureaux où se font les recettes : soit pour les dispenses
relatives aux mariages, les lettres de nominations à une cure, à une
succursale, les droits prélevés sur les imprimeurs et les libraires pour les
livres de liturgie, d'heures, catéchismes, etc., ou sur les bancs et chaises
des paroisses, etc., etc., casuel dépassant assure-t-on 100,000 francs,
de sorte que vous ayez, par exemple, au bout de l'an un déficit de deux
ou trois cent mille francs, plus ou moins, quoiqu'il vous reste encore vos
émoluments d'archevêque, cardinal, sénateur (environ 80,000 francs, etc.,
sans compter les donations entre vifs, voir 206); lorsque le propriétaire
supposé viendra vous assigner devant le tribunal en payement intégral
du loyer, ne serez-vous pas en droit de le refuser, et de demander au
contraire une indemnité énorme ? Et si le tribunal s'avise non-seulement
de ne pas vous faire délivrer cette indemnité, mais de vous condamner à
payer intégralement la location de vos bureaux, et autres lieux tenus

fermés, ne seriez-vous pas tenté de trouver cette sentence injuste, et de soupçonner quelque machination puissante, quand même vous ne pourriez savoir laquelle ; mon cas est parfaitement identique. »

Accablé par un poids terrible, poursuivi par ses adversaires, et par le cardinal, regardé de travers par tout le clergé qui ne voulait pas avoir l'air de penser autrement que le maître, M. Théolière n'en était pas moins responsable des sommes prêtées. Et les incriminations des adversaires, et l'interdit, et l'arrêt des juges, tout cela se réunissait pour l'accabler davantage. C'était une conspiration de Lucifer.

La perte pour M. Théolière du procès de la location, et l'expulsion de Guillaud ne suffisaient pas au mécanicien de Tarare. Possesseur de la signature de M. l'abbé, il songea à l'expulser entièrement par le moyen de cet interdit qui durait encore. Qu'avait-il à y risquer,

Logeant le diable en sa bourse ?

Il n'avait rien à perdre et tout à gagner. Cet homme avait toutes les ruses imaginables et inimaginables. Histoire de la lice et de sa compagne. Pourquoi dévastait-il le Jardin d'Hiver pour en vendre les débris et avoir de l'argent de suite, oui ; mais aussi pour dégoûter son associé, et le pousser à faire dissoudre la société, afin de *pouvoir l'accuser de manquer lui-même à sa parole*. Aussi poursuivait-il énergiquement son œuvre de dévastation. On a vu qu'on fut obligé de refaire les fondations de l'établissement qui menaçait ruine. Tel était l'homme que l'archevêché préférait à M. Théolière. Celui-ci voyant Flandrin au bout de tous ses tours et ravages, persister à *vouloir être seul propriétaire du Jardin d'Hiver*, en dépit de la convention du 16 octobre 1852, avait lieu d'être de plus en plus étrangement surpris. « Dans ces termes, dit M. l'abbé, je n'avais qu'une chose à faire, venir demander aux tribunaux, attendu que Flandrin ne voulait pas réaliser les conventions du 16 octobre 1852, attendu que dès lors la société n'avait pas lieu, chacun des associés reprit son apport social, à savoir que Flandrin gardât l'établissement tel que le possédait Guillaud son vendeur, en d'autres termes, ses vingt mille francs et son industrie, etc., etc. Que moi je fusse remboursé par lui des 20,000 francs, dont il m'avait reconnu créancier sur cet établissement, et que je conservasse les droits qui venaient de ma société Vallon père et Cie, droits que je n'aurais évidemment cédé qu'en devenant coacquéreur du sieur Flandrin, et son associé (et non pour ses beaux yeux, quelque limpides qu'il pût les faire).

« En deux mots, deux hommes font un projet de société, stipulent leur apport social, puis pour un motif ou pour un autre la société n'a pas lieu. Que disent le bon droit et le bon sens ? Chacun ne doit-il pas reprendre apport ? Un enfant comprendrait cela. »

M. Durieu, nous l'avons vu, avait dit à M. Théolière d'intenter à Flandrin un procès devant le tribunal de commerce. M. l'abbé en avait conclu logiquement que l'arrêt du 31 mai 1855 en faveur de Flandrin contre Guillaud ne tranchait pas la question du droit d'établir au Jardin d'Hiver une brasserie permanente, et de fournir toute la consommation. « Car, dit M. l'abbé, si le président l'avait cru jugée par le premier arrêt, il ne m'aurait pas conseillé de porter devant le tribunal de commerce la demande qui s'y référait, *à moins qu'il n'ait eu l'intention de m'enfermer dans un cercle vicieux*. M. Théolière s'adressa donc à ce tribunal. Mais voici quelle en fut la sentence : » En présence de l'arrêt de la cour du 31 mai 1855, impossible de s'occuper de la question de la propriété de la buvette du Jardin d'Hiver. Lors même que la Cour aurait erré, en n'accordant pas à M. Théolière toute la propriété qu'il tenait d'une sentence arbitrale qui le constituait aux droits de la société Vallon, etc., notre tribunal n'ayant aucun droit d'interpréter un arrêt rendu par une juridiction supérieure, ne peut s'occuper de la question, prononce que la demande de Théolière est rejetée comme déjà jugée par la Cour (1). »

Il est visible que les juges apercevaient sous le bandeau de la justice un prêtre interdit pour procès par S. E. Mgr le CARDINAL DE BONALD, ARCHEVÊQUE de Lyon. Le plus prudent pour eux était de n'être pour rjen dans cette affaire. M. Théolière eut donc à revenir au premier tribunal. Flandrin sut transporter sur ce champ de bataille toutes ses batteries, c'est-à-dire le puissant moyen obtenu par Guillaud qu'il venait d'échauder en remerciments. Pourquoi ne parviendrait-il pas aussi bien que lui à se débarrasser entièrement de M. Théolière ? Voici comment il présenta la question à son avocat et au tribunal : Il se plaignit que le prêtre interdit, déconsidéré, qui déjà ne voulait pas payer sa location, ayant passé des conditions avec lui pour l'exploitation du Jardin d'Hiver, n'avait pas réclamé ni exigé leur exécution, que *même* il avait manifesté par sa conduite tout entière sa volonté d'y renoncer.

Qu'il ne lui procurait pas des bailleurs de fonds, etc., comme c'était stipulé dans la convention du 16 octobre 1852.

Au contraire, ajoute Flandrin, il réclame de moi les sommes qui d'après le projet doivent former une partie de sa mise de fonds dans la société projetée.

Il satura de ces griefs son avocat Pine-Desgrange qui n'avait pas besoin d'être beaucoup excité, lui redit mille fois le refrain : cette canaille de prêtre interdit, etc., etc.

Mais le projet d'association n'avait pas précisément pour but l'exploitation (disons la démolition) du Jardin d'Hiver, mais bien son acquisition (2).

Comment M. Théolière pouvait-il se mettre en société avec un homme

Qui devait à Pierre et à Paul ;

Dont les propriétés de Roanne étaient grevées d'hypothèques (3) ;

Qui déclarait à tout venant qu'il était seul maître du Jardin d'Hiver ; qu'il n'avait aucun associé, et n'en voulait point avoir ;

Qui après avoir emprunté, sous la responsabilité de M. Théolière, de belles sommes, sans vouloir fournir son industrie, ni aucune machine, ni rien de ce qui était convenu, prétendait que M. Théolière lui devait 50,000 francs ;

Qui pardessus le marché démolissait de fond en comble le Jardin d'Hiver ?

Quelle loyauté y aurait-il eu de lui chercher encore des bailleurs de fonds, ou plutôt de nouvelles dupes ?

M. Théolière malgré ses ennuis d'être en procès, ne devait-il pas dans

(1) *Cri*, p. 296 et 297.
(2) *Cri*, p. 300.
(3) Renseignements divers.

ses intérêts et ceux des tiers, faire expulser l'intrus et le vandale de la société et réclamer les sommes engagés entre ses mains? Cependant à l'archevêché on osait dire : « C'est M. Théolière qui est une canaille. *Flandrin est un honnête homme, c'est un homme de bien, et le frère du curé de la Pacaudière.*

Malheureusement Flandrin était peu connu à Lyon ; si au moins on avait su le mot de la justice de Tarare : *Flandrin est un homme dangereux, il a toujours raison, il trouve des réponses à tout ;* mais à Lyon on ne voyait en lui qu'un homme appartenant à une famille sacerdotale, et bien considéré par l'archevêché ; à ces titres, il avait beau jeu de répéter sans cesse à son avocat et à qui voulait l'entendre : Je suis volé, et par une canaille de prêtre interdit. Dans ce projet de société non définitive, il embrouillait la question tant qu'il pouvait, comme il l'avait embrouillée dans les pièces dont il était le rédacteur principal. Il confondait à dessein le projet de société avec une société définitive. Il fallait quelque examen pour voir qui avait raison.

1° M. Théolière a le *projet* de céder sa propriété de la brasserie à Flandrin ; oui, mais il ne la cède qu'en devenant coacquéreur du Jardin d'Hiver dont il doit changer la destination. Flandrin s'en dit pourtant seul propriétaire, et s'y montre le maitre absolu, même de démolir. Pour voir clairement cela, il fallait confronter l'acte du 6 janvier 1853 avec le projet du 16 octobre 1852.

2° M. Théolière ne veut pas fournir à Flandrin des bailleurs de fonds ; mais c'est que Flandrin a déjà trouvé lui-même deux cent mille francs, sans pouvoir fournir hypothèque, et sans vouloir tenir compte des sommes reçues, ni procurer les machines convenues.

Pensez-vous que dans l'examen de ces longues questions, l'humanité ne se laissera pas quelque peu dominer par les préjugés contre un homme interdit pour procès depuis un an, et que l'archevêché ne veut pas réintégrer ? Croyez-vous que des juges honnêtes se croiront même permis de scruter et d'approfondir le fonds de cette affaire (un prêtre dans un établissement public! Le cardinal de Bonald!). Un curé de Lyon crut devoir lui rendre le bon office d'aller accompagné d'un ecclésiastique distingué chez un juge de sa connaissance, afin de chercher à combattre ses préventions fâcheuses. Il était tellement sous l'impression de cette flétrissure que tout fut inutile. « Comment, dit-il, pouvez-vous vous intéresser à un prêtre qui a été interdit par son archevêque. » D'après ce juge, dire que M. Théolière était tout de même dans ses droits, c'était reconnaitre que Mgr de Bonald était *cruel* envers lui ; hypothèse tout à fait invraisemblable.

M. l'abbé Fichet avait reçu une réponse analogue d'un conseiller de la cour. Il me semble que M. Suricux a aussi tenté pour lui une démarche semblable sans plus de succès (1).

Or l'affaire de M. Théolière vint à son tour en appel devant la Cour présidée par M. Durieu, le même qui l'avait envoyé au tribunal de commerce : *Allons!* s'écria le président, *allons! il faudra créer une chambre exprès pour M. Théolière* (2), et l'avocat de celui-ci, M. Duquerre, en fut glacé d'effroi, il ne savait plus ce qu'il disait. Le *veto* du grand dignitaire de l'Eglise exerçait déjà sa pression sur les juges, ce terrible veto : *Nous ne pouvons pas vous laisser dire la messe tant que vous serez dans ces procès.*

(1) *Cri,* p. 195 et divers renseignements. (2) *Cri,* p. 116.

Avec cette décision théologique du premier pasteur du diocèse, l'embrouillement *d'acquisition, d'exploitation,* de société et de projet de société et de tous les papiers de notaire n'offraient pas de difficulté. Ces messieurs les juges ne connaissant pas et n'étant pas obligés de connaître les règles canoniques d'un interdit, devaient dire comme quelqu'un dernièrement à M. Théolière : Nous ne connaissons pas la théologie, ce n'est pas à nous à l'apprendre à Mgr le cardinal. Et un conseiller faisait-il souvent retentir à l'oreille du président le nom de Mgr le cardinal. Autant l'avocat de M. Théolière était intimidé par le nom de S. E. le cardinal, et craignait son intervention et sa haute influence, autant l'avocat de Flandrin, M. Pine-Desgrange, avait confiance en son moyen insolite et gardait une contenance assurée. Pine-Desgrange s'en donna à cœur joie sur le dos de M. Théolière. Il partit de cet *interdit pour procès,* et le présentant sous toutes les formes, il traita avec les tours oratoires le point *improbité* et *inconduite* du *prêtre,* et pour jeter sur lui la déconsidération, il assaisonnait le tout de facéties calomnieuses, lesquelles finirent par faire craindre aux juges un scandale pour l'auditoire et un mauvais effet pour la religion. Il en avait trop dit ; à peine avait-il commencé que son adversaire était déjà terrassé. M. Durieu crut devoir arrêter Pine-Desgrange par le mot sacramentel : *La cause est entendue.* Et pour l'avocat de M. Théolière, il lui refusa un mot de réplique contre la calomnie (1), et en cela il crut rendre service à Dieu en se mettant de concert avec l'archevêque, son guide naturel en pareille occurence.

Voici à ce sujet un mot de M. Surieux, alors supérieur de Saint-Jean à Lyon : « Cette affaire de M. Théolière était un peu embrouillée et « avait besoin d'éclaircissement et d'un peu d'attention ; mais quand au « milieu des débats du tribunal, on annonça cet interdit, oh ! il fut d'un « effet désastreux ! » Ici personne ne me reprochera de copier le Mémoire, tout le monde peut consulter M. l'abbé Surieux, témoin oculaire et qui voyait les juges du tribunal.

Cette manière d'agir du président témoignait en faveur de sa religion. N'ayant aucun doute sur la légitimité de l'interdit, ni sur la prétendue injustice et mauvaise foi de cet ecclésiastique, vu les apparences trompeuses des raisons de Flandrin, il ne pouvait pas moins faire que de se prononcer contre M. Théolière. Un homme avec moins de religion se serait peu soucié de la mesure de l'archevêque ; mais pour un homme d'un esprit droit comme M. Durieu, qu'est-ce qu'un évêque ? c'est le successeur des apôtres, des Belzunce, des Quélen, des Affre, ces grands hommes si dévoués pour leurs administrés, se sacrifiant pour leurs peuples pendant les fléaux ou mourant sur les barricades, les pères et les protecteurs de leurs peuples. Comme il a dû en coûter à Mgr de Bonald pour porter une sentence contre ce prêtre ! Il faut que cet homme soit d'une mauvaise foi et d'une improbité bien insignes, d'une conduite bien scandaleuse, pour avoir perdu la protection de son archevêque, avoir été frappé précisément

.Au moment du procès,

Rien qu'au moment du procès,

À cause du procès.

(1) Cri. p. 29, 30 et 29?.

et être demeuré sous cette flétrissure tout le temps de ce procès, plus d'une année entière.

C'est M. Théolière qui est le malhonnête homme, le voleur, tandis que l'honnête homme, l'homme trompé par M. Théolière, c'est Flandrin. *Il y a chose jugée*, prononça M. le président Durieu.

M. Théolière se considère comme renvoyé de Pilate à Hérode, et d'Hérode à Pilate, comme un objet d'amusement ou plutôt d'embarras. « Mais, dit-il, ou vous vouliez juger sur ce point définitivement, et alors il ne fallait pas me conseiller d'intenter un autre procès (devant le tribunal de commerce), ou vous n'aviez pas l'intention de prononcer sur icelui, et alors pourquoi venir prononcer *qu'il y a chose jugée*. Cette conduite se comprend-elle de la part d'un homme qu'on dit fort capable, et qui me paraît avoir de l'esprit (1). »

Pine-Desgranges, pour gagner sa cause, n'avait pas eu d'autres frais d'éloquence à faire que d'invoquer l'autorité du cardinal; et si une autre fois il était sorti de la salle en riant à gorge déployée, la chronique ne dit pas que cette fois il ait versé des pleurs.

De l'aveu même des adversaires, et *d'après les considérants des juges*, les dossiers ou les pièces de cette affaire ne furent même pas ouverts (2). Les juges ne prirent donc connaissance ni des véritables conventions, ni de l'obligation que Flandrin, en acceptant l'argent de M. Théolière, avait contracté de fournir des machines pour la nouvelle industrie.

Ni de la convention reconnue par Flandrin que M. Théolière ne devait céder la brasserie qu'en devenant coacquéreur du Jardin d'Hiver;

Ni de la lettre du greffier de Rive-de-Gier, constatant le tour joué à à M. Théolière par Flandrin ;

Ni du rapport de l'architecte Exbrayat sur les ravages de Flandrin au Jardin d'Hiver ;

Ni de la mise en demeure de ne pas dévaster ce bel établissement.

La Cour porta cet arrêt :

« M. Théolière n'ayant point réclamé l'accomplissement du projet de société, *ni mis jamais son contractant en demeure de l'exécuter*, comme il a même manifesté par sa conduite tout entière sa volonté d'y renoncer; qu'il a fait bien plus, *qu'il a réclamé de Flandrin les sommes qui, d'après le projet, devaient former une partie de sa mise de fonds dans la société projetée ;*

« Que pour n'être pas obligé de procurer à Flandrin des bailleurs de fonds, ou la somme énorme de 50,000 francs, il n'a pas voulu donner suite à ce projet, il ne saurait trouver un moyen légal de s'affranchir de ses obligations envers Flandrin; il perdra tous ses droits au Jardin d'Hiver, cédera sa propriété au sieur Flandrin et payera les dépens (3). »

C'était au commencement de l'année 1856, dès lors que M. de Chantelauze, au mois d'avril de cette année, le déclare ruiné (4).

« Mon avoué à la Cour, M. Mollet, dit M. Théolière, me dit d'un ton

(1) *Cri*, p. 145.
(2) *Cri*, p. 25, 29, 30, 308.
(3) *Cri*, p. 30.
(4) *Cri*, p. 173.

indigné en sortant de l'audience : C'est une boucherie, il n'y a pas, ma foi, de goût à faire des affaires pour vous, on ne vous juge pas, on vous assomme! Les gens de l'auditoire disaient tout haut : *M. Théolière a perdu à cause de sa soutane.* »

Comment! il n'a pas mis son contractant en demeure (1), et la mise en demeure du 31 juillet 1854 est dans le dossier! La société n'était pas définitive et comme si elle l'eût été, il a fourni à Flandrin d'un côté sa mise de fonds primitive, 20,000 fr.; d'un autre, 2,000 sans compter les 2,000 francs pour les prétendues chaudières de Rive-de-Gier, etc., et il n'a pas tenu les conventions!

Flandrin, après avoir pris l'argent, ne veut pas fournir les machines convenues; il dévaste le Jardin d'Hiver, malgré la défense faite à lui tant de fois, et c'est lui qui a observé les conventions! Et il faudrait que M. Théolière maintînt le projet d'association! Flandrin a trouvé chez des dupes 200,000 fr. en un an (2), et il faudrait que M. Théolière lui trouvât d'autres bailleurs de fonds! Et sous quelle garantie? Et comment s'en tirer devant Dieu et devant les hommes?

Et la Cour le condamne encore à céder à Flandrin toute sa propriété; un établissement où tout se payait au comptant, il faut qu'il le cède à Flandrin, qui n'a pas apporté un centime au Jardin d'Hiver! Eh bien! oui. Il faut aussi que M. Théolière paye les dettes du Jardin d'Hiver, et rembourse les sommes entrées non dans sa poche, mais dans celle de Flandrin.

Mais ce n'est pas croyable! me direz-vous; et les titres. Lisez-les vous-même. On est obligé de les étudier pour les comprendre avec longues phrases, cette conjonction *attendu que,* et ces parenthèses qui coupent les phrases. Lisez la convention du 16 octobre 1852, et surtout celle du 6 janvier 1853. Cette dernière, dont Flandrin était le rédacteur, paraît un chaos; pour la comprendre, il faut la lire et la relire attentivement, et même la traduire en un autre style. Ce qui s'y trouve de clair, le voici : *M. Théolière prend l'engagement;* MM. Guillaud et Théolière *s'engagent à substituer Flandrin à tous leurs droits antérieurs.* Mais il n'est pas question des obligations de Flandrin : celui-ci avait bien su ce qu'il faisait en gardant le silence sur ce point et en faisant ressortir les engagements des autres. Aussi M. Surieux trouvait tout cela un peu embrouillé. Mais quoi donc a empêché les juges d'y regarder d'un peu plus près, et de comprendre que l'acte du 6 janvier 1853 était naturellement subordonné au projet du 18 octobre 1852 ?

Cette rédaction ainsi faite, voici la justice sa balance en main. D'un côté, c'est Flandrin, le fils d'un honnête charpentier de Roanne, le frère du curé de la Pacaudière, Flandrin en honneur à l'archevêché; il montre des titres irréfragables qui sont rédigés à son avantage.

D'un autre côté, c'est un prêtre dont la place ne paraît pas devoir être au Jardin d'Hiver; il ne veut pas tenir sa parole donnée à Flandrin, il ne veut pas lui procurer des bailleurs de fonds, comme c'est convenu; au contraire, il veut lui arracher tout ce qu'il pourra. Qui a tort des deux?

C'est M. Théolière, dit le premier pasteur de Lyon, son injustice est si criante que je l'ai interdit pour son procès; mais Flandrin est un homme de considération, vous devez me croire, *de par mon autorité.* Il ne faut jamais prétendre en savoir plus long que son supérieur.

<hr>

(1) Il avait été interdit pour une mise en demeure, *l'assignation.* (2) *Cri.* p. 301.

Dites-moi, dans quelque balance que ce soit, même celle de la justice, quand un surcroît de poids pareil vient à tomber, le plateau de la balance ne doit-il pas se précipiter, ce plateau dans lequel tombait l'interdit! Terrible chute, puisque les juges ont cru que tout ce que M. Théolière avait dans l'établissement il l'avait volé à Flandrin (1) !

« J'avais cédé cependant, dit M. l'abbé, depuis un an, mon lieu et place à un nommé Brun, moyennant des conditions assez lucratives, afin que mon nom ne fût plus prononcé devant les tribunaux ; précaution inutile, mes adversaires ayant plus beau jeu à ne vouloir montrer que le prêtre interdit. M. Brun se trouvant lésé, voulut former une tierce opposition ; mais témoin de la manière dont j'avais été traité et craignant pour lui le même sort, il crut devoir aller, accompagné de l'ex-gérant judiciaire, présenter quelques observations à un autre président de chambre, M. Lagrange, et le soir ils revenaient ensemble me raconter leur entrevue. Ce président leur avait dit : *C'est fâcheux pour vous si vous avez des intérêts engagés dans cette affaire, mais la Cour a voulu en finir avec l'abbé Théolière, parce qu'elle a vu qu'il était mal avec son archevêque, ou qu'il était désapprouvé par lui.* En deux mots, les juges étaient prévenus et fixés sur cette cause qui était, je l'avoue, un peu embrouillée par le préjugé du cardinal ; et mes adversaires voyaient si bien qu'ils avaient tant de profit à plaider contre un prêtre *interdit,* qu'ils n'ont jamais voulu admettre que j'eusse un cessionnaire (2). »

La famille de Flandrin tomba des nues, quand elle le sut propriétaire du Jardin d'Hiver, et il n'y eut qu'une voix pour dire : Parions qu'il a encore fait quelques malheureux. Et peu après : *Voyez donc ce visigoth, ce misérable, il s'est emparé de la propriété d'un prêtre respectable, après l'avoir entortillé en lui disant : Moi aussi j'appartiens à une famille sacerdotale.* Faut-il si peu valoir? le vilain..! Et l'on ne pouvait assez se récrier contre lui (3).

« On disait un jour au Conseil de l'archevêque, rapporte M. Théolière, au sujet de mon affaire, presque à l'unisson, *comme d'habitude,* que le sieur Flandrin était le frère d'un curé de canton, d'un chanoine d'honneur, que ce devait être un honnête homme, et que c'était moi probablement qui l'avais trompé. — Flandrin un honnête homme! s'écria M. Combe qui s'y trouva heureusement ce jour-là. Monseigneur et Messieurs, voilà ce qui m'est arrivé. J'étais légataire universel de M. Lafay, aumônier des Ursulines. Or, me trouvant chez M. Ducruet, notaire, pour affaire de succession avec le sieur Flandrin, ce dernier produisit pour quittance

<hr>

(1) Voir la manière dont M. Théolière développe cette idée, *Cri,* p. 144.

> Huissiers, qu'on fasse silence,
> Dit en tenant audience
> Un président de Beaugé.
> C'est un bruit à tète fendre.
> Nous avons déjà jugé
> Dix causes sans les entendre.

Le Maistre de Sacy ayant été emprisonné pour cause d'opinions jansénistes, Louis XIV apprenant qu'on avait été trop rigide envers lui, vint le voir et le faisant délivrer lui dit : Quelle réparation demandez-vous? — Sire, répond Le Maistre, la seule que je vous demande, c'est que vous descendiez deux fois par an dans la prison et que vous visitiez vous-même les dossiers.

(2) *Cri,* p. 32.

(3) Témoignage de Mlle Vial, de Roanne, sœur de l'ex-pharmacien de la rue Sainte-Elisabeth.

d'une somme de 6,000 francs un billet sur lequel je remarquai des jambages rompus, qui indiquaient que cette pièce avait été coupée ; c'était
une quittance de revenus signée un peu trop bas par le défunt, que
Flandrin avait voulu faire servir pour une quittance de la somme. —
Qu'est-ce que c'est, dis-je au notaire, que ces jambages qui sont à la
cime du billet? On dirait un reçu fait sur un espace blanc resté entre la
signature et une pièce déjà écrite. Le notaire le reconnut comme moi.
Flandrin était aux aguets derrière l'épaule et lorgnant de côté pour
sonder l'impression et attendre ce qu'on dirait. Se voyant pris, il détourna
l'attention de cette pièce qu'il ressaisit habilement. — Je me serai trompé,
dit-il, il faut que je vérifie, et il ne la montra plus. On passa à d'autres. »

Le conseil entendant ce fait d'un fripon émérite, me plaignit alors d'a-
voir eu affaire à un être pareil ; mais c'était trop tard (1).

Le résultat de cette déposition fut la lettre suivante à M. Théolière ruiné.

Nous avons rendu à M. l'abbé Théolière la permission de dire la messe,
pour laquelle il avait été interdit à cause de ses procès.

Plantier, vicaire-général (2).

Nouvelle agitation parmi ses adversaires ; car il restait encore un procès.
M. Brun son cessionnaire l'avait attaqué pour se faire maintenir dans sa
position.

« Après que j'eus recouvré la permission de dire la messe, j'allais la
« dire à la cathédrale, paroisse des tribunaux ; mes adversaires et leurs
« hommes d'affaires, croyant que c'était pour les narguer, revinrent de
« nouveau à la charge pour me faire interdire. Une personne m'en préve-
« nant charitablement (c'était M. Pagnon nommé récemment vicaire-gé-
« néral), je lui répondis : Que voulez-vous que j'y fasse? je ne peux pas
« empêcher au cardinal de m'interdire. On me dit qu'il fallait prier mon
« oncle d'écrire au cardinal ; je dis encore que je n'avais pas voulu jus-
« qu'ici et que désormais c'était trop tard ; et comme on avait la bonté
« d'insister encore, je répondis : Je vous remercie, je verrai. Je fus
« raconter ceci à mon oncle qui immédiatement mit la main à la plume.

Lyon le 17 avril 1856.

A S. E. le cardinal de Bonald.

« Monseigneur,

« J'apprends que mon neveu, l'abbé Théolière, est en butte à de nou-
« velles persécutions. Il est prêt à donner à MM. les grands-vicaires et
« à vous, Monseigneur, si vous daignez l'entendre, les explications qui
« paraîtront nécessaires. Il s'est conformé d'ailleurs, exactement aux or-
« dres de Votre Eminence : il ne prenait aucune part à la gestion du Jardin
« d'Hiver ; Il est même dépouillé de ce qui lui appartenait dans cet éta-
« blissement ; il est réduit, il est vrai, à soutenir encore des procès, soit
« contre son cessionnaire, soit contre les ouvriers que l'ancien gérant
« avait employés, non pour recouvrer personnellement ce qui lui est dû,
« mais pour ne pas laisser enlever à des créanciers une partie importante
« de leurs ressources. Les pièces qu'il m'a communiquées prouvent la

(1) Cri d'une Victime, p. 30, et autres renseignements.
(2) Cri, p. 307.

« vérité de ces assertions; et s'il a eu le malheur de confier ses fonds à
« des hommes de mauvaise foi, il n'a pas du moins à se disculper d'avoir
« manqué à la probité et à la délicatesse.

« Je supplie V. E. de suspendre son jugement jusqu'à ce quelle soit
« mieux éclairée sur la conduite de cet ecclésiastique qu'une dernière
« interdiction dégraderait encore moralement et plongerait dans la plus
« complète détresse.

« Je suis avec respect,

« Monseigneur,

« De Votre Eminence le très-humble et obéissant serviteur,

« DE CHANTELAUZE (1). »

Plus on examine cette lettre plus elle fait impression par sa force et sa
modération. *Fortiter et suaviter.* Il sait dire poliment au cardinal qu'en
interdisant M. Théolière, il se rangeait du côté de ses adversaires.

M. Brun perdit aussi son procès, l'adversaire criant qu'il n'était qu'un
prête-nom et cela malgré la forte et brillante plaidoirie de M. Dubos à
qui je n'ai pu encore, dit M. Théolière, donner l'honoraire convenable,
quoique selon mes conventions avec le susdit Brun, qui l'avait exigé
prudemment, au préalable, j'aie dû faire face à tous les autres frais, énormes pour cette affaire qui n'était mienne qu'indirectement (2). Et voilà
sur le dos de M. Théolière la misère et quelque chose de plus terrible
encore, des créanciers qui l'accusent et le poursuivent.

6° Cependant Flandrin, pour avoir mis M. Théolière à la porte, n'était
pas sans embarras. Il fallait donner des places aux acheteurs et ils étaient
nombreux. Que faire sinon gagner du temps, continuer de tenir l'établis-
ment fermé, et amuser ce monde-là? A ceux qui venaient lui demander à
chaque instant: Quand donc s'ouvre le Jardin d'Hiver? il répondait:
Bientôt, bientôt, dans quinze jours. Ce sont les réparations qui nous
retardent. Les quinze jours se passaient et l'établissement ne s'ouvrait
pas. Il fallait cependant continuer à endormir les gens.

Il y avait au Jardin d'Hiver un portail champêtre qui plaisait par sa
forme originale. Flandrin, sous prétexte que des branches d'arbres
fendues et entrelacées n'étaient point robustes, prétendit qu'il en fallait
un autre, et le mit à bas. Trois mois encore se passent et l'établissement
n'était pas ouvert. Ce sont les ouvriers qui font attendre, disait-il. Enfin,
au milieu de l'hiver, il mit les maçons à l'œuvre. C'était vouloir évidemment être obligé de refaire cet ouvrage après le dégel. Tout le monde le
disait. Quand son achèvement eût fait croire aux acheteurs de places que
le Jardin allait enfin s'ouvrir, le lendemain tout fut à bas. Et chacun de
dire : Le dégel ne pouvait pas sitôt faire tomber ce portail, c'est Flandrin
qui avec un levier l'aura renversé pendant la nuit pour nous retarder. Il
gagna encore du temps. Quand il eut enfin ouvert l'établissement, il y eut
peut-être dix mille personnes; mais il leur servit une bière détestable. Il
faisait venir les faiseurs de tours, les prestidigitateurs, et les renvoyait

(1) *Cri*, p. 173.
(2) *Cri*, p. 33.

sans les payer. » Quelle mauvaise réputation il avait dans le voisinage : s'il manquait de la volaille, on disait : C'est Flandrin qui l'a prise (1).

Cependant une multitude de portiers et de secrétaires se trouvant en présence, virent à qui ils avaient eu affaire. Comme ces dupes n'étaient pas des prêtres interdits, ils le firent citer et condamner devant les tribunaux; c'était en 1858; mais de l'argent point. Qu'en avait-il fait? on n'en sait rien. Et pour les 45,000 francs de plantes, il en avait tiré à la vente 5000. Le Jardin d'Hiver n'était qu'une ruine dont il ne s'est pas relevé. A la place du magnifique établissement, on ne voit aujourd'hui que des masures servant d'abri aux bohémiens et à leurs montures, quelques rejetons souffreteux d'arbrisseaux et les grands fossés creusés par le vandale quand il arrachait les tuyaux et les plantes. Personne ne put rentrer dans ses fonds. Cette faillite valut à Flandrin une condamnation au *maximum* de la peine, à un emprisonnement dans une maison centrale pour dix-huit mois ou deux ans, et son arrogance envers les juges ne lui fit point appliquer les circonstances atténuantes (1).

L'interdit ne pesant plus sur M. Théolière, le tribunal de commerce reconnut et proclama qu'il était un créancier de Flandrin. Impossible d'abord de méconnaître les 20,000 francs en question dans la convention du 16 octobre 1852, sans parler du reste.

Un mot résume tout : avant l'interdit, M. Théolière avait gagné deux fois sa cause en des circonstances plus difficiles, quand il manquait une signature à la pièce principale. Après l'interdit, devant le même tribunal, ses droits étant plus clairs, cette même cause, cause imperdable, il l'a toujours perdue, même en dernier lieu, contre un homme qui n'avait rien. Pourquoi donc, s'il vous plaît?

VII

RESPONSABILITÉ DU CARDINAL.

1° Pièces authentiques.— 2° Aumônerie à la prison de Saint-Etienne. — 3° Ce que l'on pense de la question de M. Théolière. — 4° Objections contre lui. — 5° Derniers procédés contre lui. — 6° Ce qui regarde la conscience du Cardinal. — 7° Quand même Son Eminence serait dans la bonne foi, M. Théolière n'est pas obligé d'y croire, et peut demander qu'on examine sa cause selon les formes de la justice. — 8° Propositions à examiner par un Conseil impartial.

1° « Si vous daignez, écrit M. Théolière à Monseigneur, m'assigner une nouvelle entrevue, je soumettrai les pièces probantes à Votre Eminence :

« Premier acte de société en commandite pour la buvette et la brasserie,

« Conventions,

« Jugements,

« Arrêts,

« Sentence arbitrale,

(1) Renseignements donnés par des employés de la prison de Roanne, à Lyon, et par d'autres personnes.

« Rapports d'experts,

« Lettres, etc., etc.

« Afin qu'il ne puisse rester dans votre esprit aucun doute sur la réalité du dommage que vous m'avez causé. Car il n'était encore possible de perdre un procès semblable que si un intérêt plus élevé et plus grand que celui d'un particulier, occupait celui des juges, celui de la morale et de la société qu'elle devait supposer compromise par la mauvaise conduite d'un prêtre que vous aviez châtié si sévèrement ou flétri, comme je l'ai expliqué dans mon VIIe appendice. Mais afin de vous le faire mieux sentir et comprendre, que Votre Eminence veuille bien me permettre de lui faire une comparaison ou supposition. Supposons donc que votre agent de change ait reçu de vous l'ordre d'acheter bon nombre d'actions des fonderies et forges de Terrenoire, dont le directeur est fort connu de Votre Eminence (puisque vous avez un agent de change attitré, ce n'est pas pour enfiler des perles), que plus tard, pour garantir votre somme importante, vous vous trouviez obligé comme moi d'entrer dans une espèce d'association ; que votre associé, une fois nanti de votre signature et de vos valeurs, ait la tentation de nier cette société et de vous en expulser, tout en retenant par devers lui votre mise de fonds ; si les tribunaux vous condamnaient, non-seulement à perdre le montant de vos sommes ;

« Mais encore à faire un nouvel apport ;

« Outre l'abandon total de vos actions entre les mains de votre associé de mauvaise foi, pourriez-vous expliquer autrement cette sentence injuste que par quelque machination puissante, organisée contre vous dans le but de tromper les juges ; et si le principal agent de cette machination vous était connu, n'auriez-vous pas le droit d'exiger de lui une réparation ? Je ne sais ce que vous feriez si vous vous vous trouviez, surtout comme moi, en danger de mourir insolvable ; mais je crois que dans l'intérêt de vos créanciers, ce serait pour Votre Eminence, si Elle n'avait d'autres ressources, un rigoureux devoir de poursuivre cette réparation par tous les moyens possibles. Ce cas est tout-à-fait identique au mien, et Dieu fasse que votre haute position vous mette à l'abri de vous y trouver jamais (1). »

M. Théolière n'a pas inventé des créanciers, et ceux-ci lui ont fait passer de mauvais quarts d'heure. Quelles précautions ne prend-il pas pour échapper à leurs obsessions. Il ne peut même pas avoir de domicile à lui.

2° Cependant M. Pagnon, vicaire-général, eut à s'occuper de ce qui concernait M. Théolière, et communiqua les pièces de ses procès à M. le chanoine Combe qui voyant les intrigues de ses adversaires : On a voulu, dit-il, le tuer pour le voler (2).

M. Pagnon, après avoir pris connaissance des pièces principales, lui dit : *Le bon sens fait bien voir que vous aviez droit. Il est clair que l'interdit a exercé une funeste influence.* « Comme je n'étais pas de bonne humeur, dit M. Théolière (3), je lui répondis assez sévèrement : *Prenez bien garde de*

---

(1) *Cri,* p. 302. Voir aussi la page 177.

(2) *Cri,* p. 34.

(3) *Cri,* p. 449.

ne le perdre le bon sens dans cette boutique. » Il eut la bonté de repartir : *je tâcherai bien.* Puis il a cherché à détromper Son Eminence, mais hélas ! trop tard.

A M. l'abbé Théolière.

7 juin 1858.

« Monsieur l'abbé, Son Eminence, en son conseil, vous a nommé aumônier de la maison d'arrêt de Saint-Etienne ; le ministère que vous allez exercer demande du zèle et du dévouement, nous avons pleine confiance que vous répondrez aux vues de Son Eminence, et que vous y ferez tout le bien qui dépendra de vous, et que nous attendons de votre zèle sacerdotal.

« Veuillez agréer, etc. PAGNON (1). »

Apaisé beaucoup trop facilement, M. Théolière se rend à son poste, et se met en devoir d'accomplir sa mission. Pendant un an et demi, il laisse parfaitement de côté la question de ses procès pour se dévouer au service des prisonniers.

Or, en 1860, le Saint-Père faisait part à l'Eglise des maux qui désolaient l'Italie et les Etats pontificaux. M. Théolière lut la lettre du pape aux prisonniers, classe de gens portés à croire tout ce qu'on veut contre Pie IX, et leur recommanda de mépriser les bruits répandus contre Sa Sainteté par ceux qui veulent la dépouiller (2). Le préfet Thuillier fit appeler M. Théolière. Le dialogue qui eut lieu entre eux ferait grand honneur à une tragédie de Corneille (3). M. de Serre lui-même dit à M. l'abbé : *Tout ce que vous avez dit et fait là est très-bien. Nous sommes très-contents.* Mgr Dupanloup, prévenu de ce fait de grandeur d'âme, envoie à l'aumônier un témoignage d'approbation, et le Conseil de l'archevêché se garde bien de lui chercher la guerre. M. Pagnon fit même son éloge chez M. d'Allard (4). Mais l'*ira memor* du préfet n'entendit pas tous ces compliments : il écrivit une lettre à Son Eminence qui sur-le-champ enleva à l'aumônier ses pouvoirs (5). C'était le moyen de faire croire que M. Théolière ne faisait que des sottises. Celui-ci comprit à qui il avait affaire. Mis en présence de lui-même, et dans une situation terrible qu'aggravaient encore les dettes du Jardin d'Hiver, il fit paraître un Mémoire, mais empreint d'un sentiment de justice admirable. C'était pour demander à Mgr de Bonald une solution, surtout en faveur des créanciers, souffre-douleur des interdits. La longue patience de M. Théolière avait été plus admirable qu'imitable. Cependant tout le monde ne comprit pas ou ne voulut pas comprendre cet écrit, ni la situation impossible de son auteur, qui fut jugé selon la diversité des impressions. Les uns disaient : « Est-il vraisemblable qu'un archevêque ayant, dans son ordination, plus promis à Dieu en faveur de ses administrés, qu'un prêtre en l'ordination sacerdotale, un archevêque de droit divin le défenseur de ses prêtres, ait pu livrer M. Théolière pieds et poings liés à ses adversaires ? »

(1) *Cri*, p. 176.
(2) *Cri*, p. 336.
(3) *Cri*, p. 233.
(4) *Cri*, p. 108.
(5) Témoignage du clergé de Saint-Etienne.

4

Les autres trouvaient singulier, audacieux, inouï, qu'un prêtre même persécuté injustement, osât faire paraître un Mémoire contre un dignitaire de l'Eglise. « Que c'est donc regrettable ! disait-ils. Comment concilier avec le Mémoire le respect et l'obéissance promis à l'ordination? »

3° Mais ceux qui connaissent le droit ont raisonné bien différemment. Un Mémoire contre Son Eminence est regrettable, disent-ils; oui, pour Son Eminence. Un Mémoire est de droit naturel et divin : « *Si votre frère* « *pèche contre vous, allez et reprenez-le seul à seul; s'il ne vous écoute pas,* « *prenez deux ou trois témoins; s'il ne les écoute pas, dites-le à l'Eglise.* « (Matth., 18, 17.) — *Saint Paul a résisté en face à Céphas, parce que* « *celui-ci était répréhensible.* (Gal., 2, 11.) » C'est ce que Son Eminence devrait comprendre. Autrefois les chrétiens donnaient leur confiance aux évêques et les faisaient juges de leurs différends. Aujourd'hui, un prêtre être obligé de recourir à un Mémoire et à des tribunaux civils pour obtenir justice contre son archevêque !!!

Un prêtre m'a dit à ce sujet : Monseigneur devait répondre à M. Théolière : « Vous dites que vous avez des fonds au Jardin d'Hiver. Eh bien ! « s'il en est ainsi, soyez tranquille, apportez-moi vos pièces, je vais les « faire examiner par mon homme d'affaires; c'est moi qui le payerai. Et « l'examen fait d'après les pièces, il aurait fait son rapport à la justice. « C'est l'interdit qui a ruiné M. Théolière, c'est clair. L'avocat savait bien « ce qu'il faisait en mettant l'interdit en avant. Monseigneur ne veut pas « faire de réparation, mais à sa mort la question se rallumera; et pendant « qu'on fera son éloge dans les journaux, il se vendra chez les libraires « un livre contre lui. »

Un autre : « Nous avons eu de grands torts envers M. l'abbé Théolière; « nous devions le défendre et nous ne l'avons pas fait, nous l'avons laissé « traîner dans la boue et réduire où il en est. » C'est bien un peu en effet l'histoire de saint Paul qui, accusé devant je ne sais quel juge ou César, fut abandonné de tout le monde.

Un autre : « Le cardinal ne veut pas entrer en discussion sérieuse avec « M. Théolière, parce que la conclusion de la discussion, c'est qu'il « faudrait délier sa bourse. »

Un autre : « Cette question m'indigne tellement contre l'archevêché, « que je ne puis pas lire le Mémoire. » Je borne mes citations.

Comparez donc ces témoignages avec ceux qu'ont donné spontanément MM. les curés Froget et Delphin, avant d'être gênés par rien, et avec celui de M. de Chantelauze (1); en un mot, avec tous ceux qui sont dans le Mémoire, et vous me direz pourquoi ils s'accordent si bien sans s'être concertés.

Niez donc la pression du cardinal dans cette affaire, et expliquez-moi le témoignage de M. Surieux, témoin oculaire.

Dites-nous pourquoi M. Théolière n'a pas pu trouver même un huissier qui osât assigner Son Eminence, pas plus qu'un avoué; il a fallu en nommer un d'office (2). Expliquez donc la terreur de l'avocat de M. l'abbé, qui ne savait plus ce qu'il disait quand l'interdit fut annoncé; ces Messieurs craignaient sans doute de nuire à leur clientèle en défendant cet

(1) *Cri*, 38.

(2) Lettre de M. de Chantelauze, *Cri*, p. 173.

ecclésiastique qui osait plaider malgré la haute improbation du cardinal. Si Mgr de Bonald, en se disant *innocent du sang de cet homme*, est cru si facilement sur parole par certaines personnes pieuses, et malgré le principe : *personne n'est bon juge en sa propre cause*, comment voulez-vous qu'il n'ait pas imposé par son autorité en déclarant officiellement que M. Théolière avait manqué à la délicatesse et à la probité. Les juges ne pouvaient rejeter ce haut témoignage qu'en considérant Mgr de Bonald comme le dernier des archevêques, et indigne de sa charge, hypothèse qui pour eux dépassait l'invraisemblance.

Et vous-même, Monseigneur, vous avez regardé votre anathème comme la cause de ces catastrophes ; car, en 1865, M. Théolière étant venu vous dire : « Les juges ont été égarés par votre interdit, vous êtes sorti de vos attributions en m'infligeant une flétrissure contre le droit canon et même contre le droit naturel. » Cette seule idée d'interdit vous fit frémir, et vous ne pouviez y croire. « Je ne vous ai pas interdit, je ne vous ai pas interdit, avez-vous répliqué, vous pouviez très-bien dire la messe dans une chapelle. » Il fallut qu'il vous en donnât la preuve. — Vous avez sans doute oublié votre lettre par laquelle vous me défendiez de célébrer dans tout votre diocèse ; mais je la conserve avec soin, moi (1). » Pas de réplique possible. Malheureux authentique, sans lui, vous aviez trouvé, Eminence, le parti le plus adroit pour vous tirer d'affaire ; car le moyen de justifier cet interdit ! et un interdit dont vous-même avez, par le *Mémoire*, compris tardivement la funeste influence. Vous auriez bien voulu ne pas l'avoir lancé. L'unique ressource était de le nier.

Son Eminence, en une autre circonstance, a laissé échapper ces mots : « Je me suis laissé circonvenir, je suis allé un peu vite. » — Depuis longtemps elle est à la recherche des faux-fuyants pour s'en tirer. Tantôt elle dit à M. Théolière : « C'est avec mon Conseil que j'ai agi. » Et tout le monde l'accuse de ne pas s'en servir. Elle commence, dit-on, par frapper un prêtre accusé ; puis Elle assemble son Conseil pour qu'on lui dise qu'Elle a bien fait. Si on lui fait voir qu'Elle s'est trompée, Elle ne revient pas sur ses actes. Tantôt Elle ne répond rien aux lettres de M. Théolière, c'est tout avouer par son silence ; car, *qui ne dit rien, quand il doit parler, consent*. — Tantôt Elle s'en va de Lyon pour échapper à une entrevue.— Tantôt Elle lui donne des réponses évasives : « Ecrivez en français, mon cher abbé. — C'est que M. Théolière l'a forcée dans ses derniers retranchements. —« Je n'ai vu aucun de vos créanciers ; vous faites imprimer des livres, donc l'argent ne vous manque pas... Les canons sont contre vous. Mais elle n'en peut point citer. — « Les observations qu'on m'a faites contre vous étaient vives et pressantes. » Et pourtant M. Pagnon lui envoya ce compliment : « *Son Eminence a toujours rendu hommage à votre piété et à votre vertu* (3). »

Autre défense : *Un Mot à M. l'abbé Théolière*, œuvre de quelque neveu au désespoir de ne pouvoir justifier un oncle dont la dépouille serait amoindrie par une réparation. A part la ritournelle de Flandrin : « Attendre votre bénéfice du plus ou moins de bals !!! » ses arguments se portent

(1) *Cri*, p. 208.
(2) *Cri*, p. 209 et différentes lettres de Mgr de Bonald.
(3) *Cri*, p. 277.

sur des faits étrangers à la question du Jardin d'Hiver. L'aspiration à l'épiscopat sous Charles X (1830), les cures de Marcoux (1847) et de Chambœuf (1860), la chasse, les incriminations de Thuilier (1860, ne prouvent pas la légitimité d'un *interdit pour procès* (1855). Et puis M. Théolière est fou!... Voilà une charge de la force des deux tours de Notre-Dame de Paris, et plus difficile à soutenir.

Sur des recommandations, il confia au sieur Vallon l'argent de sa sœur infirme. Vallon, sans l'en prévenir, achète le Jardin d'Hiver, et l'on dit : *On avait assez averti M. Théolière de ne pas placer son argent au Jardin d'Hiver.* En voilà de la bonne foi !

Voyant qu'il ne pouvait pas retirer ses droits, il va parler à l'archevêché où on lui dit : *Vous devez bien voir les livres.* M. Théolière craignant de se compromettre, vu sa qualité d'ecclésiastique, n'use pas de la faculté, donnée par M. Barou, de visiter les livres, et l'on dit : *M. Théolière est un cynique! Il n'a pas eu honte de se trouver au milieu de... Fi donc! Horreur!*

Et que fallait-il donc faire?

M. Théolière, en dernière ressource, songe tout de bon à donner au Jardin d'Hiver une autre destination, et *à bannir les danses de là.* Des personnes viennent à son secours pour cette bonne œuvre. Et l'on dit : *Il est fou! il n'a pas eu honte de spéculer sur l'immoralité publique.*

Et qu'auriez-vous donc fait à sa place?

Ses adversaires ayant besoin d'un interdit pour le dépouiller, vont solliciter le cardinal qui leur accorde cet interdit au moment critique. M. Théolière va présenter ses raisons au cardinal. Celui-ci a bien écouté la partie adverse; mais il ne veut ni écouter M. Théolière, ni consulter ses hommes d'affaires. Puis il dit : *Il n'y a pas moyen de raisonner cette tête.*

Et sur quoi l'avez-vous donc raisonnée?

L'interdit lui fait perdre ses procès; adieu le patrimoine et l'argent qu'on lui a confié. Il réclame auprès de Son Eminence surtout en faveur des créanciers. Et l'on dit : *Ce prêtre infortuné a promis le respect et l'obéissance à Son Eminence, et il l'accuse injustement! Son Eminence n'a pas demandé sa condamnation.*

Et pour réparation, Elle refuse à ce *prêtre infortuné* l'entrée de Vernaison. Il y a la place de devenir fou pour un homme qui a à cœur de satisfaire ses créanciers.

Et le défenseur anonyme de Monseigneur dit : *L'héroïque humilité de Son Eminence a supporté ses injures, et ne s'en est vengée que par des bienfaits. M. Théolière, loin d'être un Attila, n'est qu'un entêté qui ne veut rien écouter, un cerveau fêlé, un homme sans conscience ni cœur* (1).

M. Théolière un entêté! quelles propositions lui a donc fait Son Eminence qu'il n'a pas écoutées? Si Elle lui avait dit : *Je paye vos créanciers,* ce serait loin de le dédommager; mais supposons cette proposition, et supposons qu'il ne l'ait pas écoutée, Elle pourrait se croire fondée à dire: *M. Théolière est un entêté.* Mais jamais, au grand jamais, Elle ne lui a fait cette proposition, quelque insuffisante qu'elle soit.

De bonne vérité, l'entêtement ou est-il?

____

(1) *Cri* p. 101, 103.

Ce qui dans le Mémoire fait pousser les hauts cris à Mgr de Bonald et à son entourage, c'est moins l'exposé des faits, si accablants soient-ils, que la forme piquante sous laquelle M. Théolière les présente. « Il incendie, dit-on, ses supérieurs de sottises; dames, fraises, melons, tout lui sert d'armes contre eux. Et puis un autre mal, c'est qu'on finit par prendre goût à la lecture de son livre qui a un certain sel. » C'est que M. Théolière a dû s'accommoder à l'esprit du jour. Il en est qui aiment mieux Horace que Virgile. Saint Jérôme lui-même avait adopté le genre satirique qui lui réussissait à merveille. Plus les matières sont importantes, plus il faut en revêtir l'aridité d'une forme attachante. M. Théolière a su faire lire de graves et sérieuses questions de droit, qui sans lui dormiraient dans la poussière, surtout par les soins des maîtres intéressés à tenir enfouies des lois qui contrarient leur volonté impérieuse.

Il dévoile en passant les intrigues dont le diocèse n'a été que trop souvent la victime. *Indè iræ*. Mais de tous les censeurs de son livre, de tous les flatteurs les plus zélés de gens au pouvoir, il n'en est pas un seul qui, pris dans les mêmes filets et sans être autant poussés à bout que lui, n'eût fait un Mémoire encore plus violent et plus incisif. *Chacun sent où le bât le blesse*. Est-il surprenant que, pris par des voleurs, M. Théolière crie au secours, et qu'en se débattant il frappe malgré lui quelqu'un habillé de rouge. Un vêtement et une charge sont-ils jamais un talisman envers et contre tous? Une dévotion si élevée soit-elle protégera-t-elle jamais un débiteur contre le recours d'un créancier même blasphémateur, ivrogne, libertin et premier voltairien de l'univers? Celui-ci n'en est-il pas moins créancier? Mais ce n'est qu'à celui qui est sans péché à jeter la première pierre contre M. Théolière. Que l'administration diocésaine examine si elle-même est irrépréhensible.

Il en est qui osent dire : « Les actes d'une haute administration sont indiscutable. On ne dit jamais : Elle s'est trompée, elle a tort. Jamais on ne relève une faute d'un roi, à plus forte raison de l'autorité ecclésiastique. Monseigneur de Bonald a interdit ce prêtre, nous devons dire : donc il a eu raison. » C'est donner à un évêque tout pouvoir de faire ce qu'il veut. C'est donc (ô contagion des grands exemples!) comme la souveraine puissance que les ultramontains attribuent au pape. « Plus ces actes de puissance seront contestables, irritants, difficiles à être admis, plus la même autorité *épiscopale* en ressortira totale, absolue, unique (1). » Autant vaut dire : « L'évêque de Beauvais livra Jeanne d'Arc aux Anglais, donc il eut raison. » Conséquence qui n'est pas démontrée par la fin misérable des juges de Jeanne. Jean Cauchon qui avait eu l'espoir d'arriver par là à l'archevêché de Rouen alors vacant, ne l'obtint pas, fut chassé du diocèse de Beauvais et mourut dans une affreuse misère. Mais qui a osé dire : Donc il eut raison.

5° M. Théolière rejeté, à cause du Mémoire, de l'hospice de Vernaison, fondé et entretenu par la libéralité du clergé et des fidèles du diocèse de Lyon, Son Eminence ne s'en est pas tenue là. Les prêtres avaient voté quatre cents francs pour M. Théolière; elle les lui refuse, toujours pour l'empêcher d'écrire, et l'on fait courir le bruit qu'Elle lui donne par an douze cents francs, *Tantæne animis cœlestibus iræ*. Tant de fiel entre-t-il dans les âmes des dieux.

(1) *Atteinte portée à la constitution de l'Eglise*, p. 10.

Le clergé a fondé une société de secours mutuels ; le croirait-t-on ? M. Théolière en est repoussé. Pensez-vous qu'un biographe consciencieux de Mgr de Bonald dira : Donc il a eu raison! Pourquoi accabler ce prêtre davantage? Comble de pouvoir, comble d'injustice. Ainsi gouvernait Pharaon : « Les Israélites crient, disait celui-ci, c'est qu'ils peuvent encore respirer ; que le travail s'appesantise sur eux, alors ils ne s'arrêteront plus à des paroles mensongères. »

Après avoir rendu la vie de M. Théolière très-agitée par des combats de procès qu'il réprouve, Son Eminence ne veut pas qu'il se plaigne ; et parce qu'il a fait un Mémoire, qu'il a soumis à Pie IX par son appel du 6 juin 1868, Elle a pris sur Elle-même de prévenir la sentence du pape en interdisant M. Théolière le 31 juillet 1868. Voilà plus d'un an que les choses en sont là, et qu'il est sans emploi. Il est de ces triomphes qui devraient faire sécher de honte les triomphateurs.

Mgr de Bonald peut-il se plaindre du *Cri d'une Victime*? L'auteur a observé le précepte : *Si non audierit eos, dic Ecclesiæ.* Quelles démarches n'a-t-il pas faites auprès de lui avant de recourir à la publicité? Chaque nouvelle feuille de la première édition a toujours été envoyée à Son Eminence plusieurs jours avant sa distribution (1), et cette première édition a été, avant 1864, envoyée à Pie IX (2) qui ne l'aura pas reçue, car point de réponse. Les factions rommaniaques avaient intérêt à l'intercepter et à ménager S. E. le cardinal de Lyon, qu'il s'agissait de gagner à la liturgie romaine. De sorte que autant vaudrait en appeler à un mandarin chinois.

L'Eglise est pourtant en possession des moyens de paralyser le pouvoir arbitraire et absolu des évêques de Rome et d'ailleurs. C'est digne d'Elle et dans ses intérêts de remédier à tous ces abus. Cela presse plus que d'affliger du Romain tous les diocèses, et d'*aliéner les esprits contre le pape*.

Saint Bernard, au risque d'être mal vu de l'archevêque de Sens, lui envoya des admonestations très-dures au sujet d'un archidiacre qu'il avait déposé avec plus de passion que de justice. *(Vie de saint Bernard,* page 188.) Encore douté-je fort que cet interdit eût été accompagné de circonstances aussi graves que celui en question.

6° Mais, me direz-vous, quelle admonestation voulez-vous faire adresser à Mgr de Bonald dont on ne peut pas ici atteindre la conscience *(ex informatâ conscientiâ)*?

Oh! nous connaissons le principe : *Ne jugez pas et vous ne serez pas jugés.* Donc pas de discussion sur la faute théologique.

Cependant il ne serait pas étonnant d'entendre un Bernard ou un Jean-Baptiste lui parler ainsi : Eminence, il n'y a, dites-vous, aucun rapport entre un règlement ecclésiastique pour le spirituel, et un procès en matière civile ; et par conséquent vous n'avez aucunement prévu *(saltem obscurè)* que votre mesure, nécessaire *selon vous*, aboutirait à un désastre. Etes-vous bien sûr de ne pas vous faire illusion? Il n'y avait certainement pas de rapport entre un règlement ecclésiastique et un procès en matière civile. Oui, tout le monde le dit ; et cependant vous avez eu l'adresse d'en trouver un et de le faire valoir de tout votre pouvoir,

(1) Voir le commencement de chaque appendice.
(2) *Cri,* p. 312, 313.

en *interdisant M. Théolière pour son procès*, c'est-à-dire en le dénonçant au tribunal comme un filou. Et ce faux témoignage ne vous donne aucun remords. Mais l'usage que les adversaires de M. Théolière avaient fait de vos menaces ne vous aurait-elle pas fait soupçonner l'effet bien plus désastreux d'un interdit en bonne forme.

N'est-il pas vrai que plus la mesure *sollicitée* était rigoureuse, plus il fallait prendre de sûretés pour agir selon la justice, plus il fallait examiner la question? M. Pagnon découvre la justice de la cause de M. Théolière après sa condamnation, pourquoi la même attention et la même bonne volonté ne l'auraient-elles pas découverte auparavant? Or, quand vous avez reçu M. Théolière entre deux portes, vous lui avez refusé le temps et la facilité de se justifier par l'exhibition des pièces.

Je crois bien que ces paroles de Jésus-Christ à ses apôtres et à leurs successeurs : *Si quis vult primus esse, erit omnium minister*, ne veulent pas dire que les dignitaires de l'Eglise doivent être des aristocrates, des gens fiers et orgueilleux, mais qu'ils aient soin de leurs administrés, et qu'ils ne sont là que pour cela.

Depuis la ruine de M. l'abbé Théolière, vous avez singulièrement redouté d'être éclairé sur la question. C'est ce qui donne lieu d'appréhender devant Dieu au sujet de votre bonne foi. Dieu qui s'est réservé le passage dans les replis les plus cachés de la conscience, dont l'entrée est fermée aux hommes, y pénètre comme il veut, *scrutans corda* (1), *tenebræ non obscurabuntur à te* (2), et pour en être quitte devant lui, il ne suffira pas d'être le fils de l'auteur de la *Législation primitive;* quel sacrifice ne voudriez-vous pas avoir fait pour échapper en l'autre vie à l'expiation même d'un instant? « Accordez-vous vite avec votre adversaire, dit le « maître, tandis que vous êtes en route avec lui, de peur qu'il ne vous « livre au juge, et que vous ne soyez mis dans la prison. En vérité, vous « n'en sortirez pas sans avoir payé la dernière obole (3).

Mais MM. les curés de Lyon ont protesté en votre faveur; quelques bonnes âmes ignorant la question. Le moyen sûr de connaître la vérité est-il toujours de s'adresser à ceux que vous avez bien servis? Quand on prête au concile de Trente un *ex informatâ conscientiâ* qui ne s'y trouve pas, croyez-vous que la flatterie n'y soit pour rien? Mais il s'y trouve un texte qui vous prêche clairement votre devoir :

« Les patriarches, métropolitains, évêques, visiteront eux-mêmes leur diocèse, ou si une raison *légitime* les en empêche, ils le feront faire par leur visiteur, de manière que si le diocèse ne peut être visité tout entier en un an, il ne manque pas de l'être en deux (4). » Simple interprétation de saint Paul : *Notre ambition immense était de vous donner non-seulement le trésor de l'Evangile, mais notre vie tout entière* (5). *Je suis innocent du sang de tout le monde, car je n'ai pas cherché de subterfuge pour me dispenser de vous annoncer tous les conseils de Dieu* (6).

Or, M. Aguiraud vous fit grâce de cette paternité religieuse (7), et Mgr Charbonnel prêche qu'un évêque ne saurait assez visiter son diocèse.

Si l'esprit de l'homme, abandonnant l'interprétation des conciles gé-

<hr>

(1) Psalm. 7, 19. (2) Psalm. 138, 12. (3) Matth. V., 25, 26.
(4) Cri, 24, cap. 3, *De Reform*. (5) I. Thess., 2, 8. (6) Act. 20, 27.
(7) *Réflexions sur le projet d'un évêché à Montbrison*, p. 20.

néraux, entend les lois de Dieu à sa manière, il ne lui en coûtera pas davantage pour vous faire une condoléance, de se déclarer contre M. Théolière, bien qu'il ait été le jouet des vents et des tempêtes, tempêtes soulevées par qui? Est-ce donc si beau de vouloir écraser le faible qui a raison pour défendre le fort qui est répréhensible. L'honneur, à qui l'honneur, mais jamais aux dépens de la vérité et de la justice. Il est un point de départ pour les honneurs, c'est l'humanité rehaussée par Jésus-Christ, et plus respectable qu'une dignité; mais il est un point où l'honneur s'arrête et cède le pas à la justice : c'est le droit du prochain. Toute vertu qui dépasse la limite qui lui est assignée, cesse d'être vertu et devient vice. Si l'on vous dit : Vous êtes toute raison, et vous ne sauriez avoir tort, c'est une faiblesse. En présence du respect qui vous est dû, est-on dispensé de tout devoir envers le simple prêtre qui fait le catéchisme aux pauvres et aux enfants, visite et console les malades, administre et assiste les mourants? La crainte de manquer aux convenances peut-elle enlever l'obligation de le défendre quand il faut, même contre son archevêque? Le mot de saint Paul : *Si un membre souffre, tous les membres souffrent avec lui*, ne serait-il qu'en faveur des évêques? Un grand dignitaire de l'Eglise n'est pas une divinité de la fable. Il représente Dieu. Oui, et c'est précisément pour cela que M. Théolière a droit d'exiger de Votre Eminence la justice et la paternité religieuse.

Dans la première parole que Dieu, par la bouche de nos mères, nous apprit à lui adresser, il abandonne tous ses titres pour prendre celui de Père. S'il y avait pour ses représentants quelque chose de meilleur que que le nom et les qualités de père, le Sauveur nous l'eût enseigné?

Pour moi, si j'avais, même involontairement, causé du tort à l'un de mes administrés, je vendrais mes décorations, mes chevaux, ma voiture et mes actions industrielles ; je renverrais tous mes domestiques, réduisant mes dépenses à la plus simple expression, et je ne dormirais ni le jour ni la nuit, tant que je sentirais quelqu'un souffrir le moins du monde à cause de moi, tant que je n'aurais pas réparé le dommage jusqu'à la dernière obole. Mais la dignité épiscopale? La religion de Jésus-Christ serait bien à plaindre si elle n'était soutenue que par l'opulence. On voit des évêques menant une vie très-pauvre et très-austère ; et ce ne sont pas les moindres hommes, ni les moins considérés.

Ce discours un peu fort
Doit commencer à vous déplaire,
Je finis.

7° Ce discours s'adresse à la conscience de Mgr de Bonald. Qu'il invoque, s'il veut, le *non prævidi obscurè ;* M. Théolière n'est pas obligé d'entrer dans ces détails. Pour que la partie lésée ait droit de poursuivre un damnificateur, il n'est pas nécessaire qu'elle soit certaine de la prévoyance de celui-ci. La théologie n'oblige pas et ne peut pas obliger à une chose qui n'est possible qu'à Dieu. Parmi les hommes, *tout mauvais cas est niable*. Un voleur aura eu une malheureuse distraction ; un assassin aura cru que les circonstances exigeaient une mesure rigoureuse, etc., etc,; tout le monde serait innocent, même Pilate.

La justice humaine ne pouvant donc pas, la plupart du temps, savoir jusqu'où va la culpabilité théologique, est obligée de se baser sur les faits extérieurs; et quand même l'accusé n'a pas prévu les conséquences de son acte, la théologie l'oblige à se soumettre à la sentence du juge.

Sans les mesures de discipline extérieure, il faudrait détruire les prisons, envoyer les gendarmes choisir une autre profession, tandis que les crimes inonderaient la terre.

Aussi, dès qu'une imprudence extérieure a causé un dommage, soit directement, soit indirectement, de quelle manière que ce soit, l'auteur se fait attaquer, et les tribunaux lui disent : *vous pouviez et vous deviez prévoir*. Il n'y a pas d'excuse d'imprévoyance à alléguer.

Un général en chef qui a pris une trop grande part à la décision d'une guerre injuste, donne précipitamment des ordres pour bombarder une ville, répond-il, oui ou non, des dommages et des victimes?

Dans l'imprudence du cardinal il y a quelque chose de plus, il y a une volte-face. Après avoir dit à M. Théolière d'être en paix, il fait tout seul la loi par laquelle il serait défendu à un prêtre de plaider pour la conservation de son patrimoine, et des droits d'autrui à lui confiés; puis, à l'exemple de ce général d'armée, il lance précipitamment, après et malgré toutes ses approbations, cet interdit tant sollicité. Mais quand même M. Théolière eût triomphé des difficultés, il pouvait attaquer Son Eminence en diffamation et réparation d'honneur. A plus forte raison a-t-il son recours contre Elle lorsque, pour l'écraser, les avocats adversaires n'ont eu qu'à faire valoir l'interdit d'un bout à l'autre de tous leurs discours.

Son Eminence a cherché à se faire rassurer par les hommes d'affaires de Guillaud, qui sont aussi les siens, et par d'autres, leurs complices. Voilà les gens qu'Elle veut entendre, ceux qui pensent comme Elle, pour de bonnes raisons. Mais de là à un jugement selon les formes, il y a un grande distance. M. Théolière lui demande depuis longtemps d'établir, en présence de trois ou quatre témoins choisis par Elle et de trois ou quatre choisis par lui, une conférence de théologiens impartiaux, dans laquelle Elle exposera ses raisons et lui les siennes. « Je n'ai pas besoin de théologiens, » répond le cardinal. Saint Thomas d'Aquin n'en savait pas si long.

8° C'est un déni de justice; car, fût-il plus savant que Pic de la Mirandole, il faut des juges neutres entre les deux parties pour prononcer :

<table>
<tr><td>

Ou bien :

1° Que M. Théolière étant obligé de renoncer à ses procès,
Son Eminence a eu le droit de l'interdire
sans monition,
à cause des procès,
à la prière des adversaires,
au moment des procès,
rien qu'au moment des procès.
Et après lui avoir dit : « Soignez vos intérêts, »
Et sans vouloir lui permettre de se justifier,
Et pendant tout le temps du procès principal.
2° Que ce n'est pas l'interdit qui a causé sa ruine ;
3° Si Elle n'a dû lever l'interdit qu'après sa ruine ;
4° Qu'Elle ne lui doit rien.

5° Qu'en conséquence, M. Théolière n'a pas eu le droit de faire un mémoire justificatif, ni de citer Mgr le Cardinal en justice;

</td><td>

Ou bien :

1° Que M. Théolière étant obligé en conscience de soutenir ses procès,
Son Eminence n'a pas eu le droit de l'interdire
sans monition,
à cause des procès,
à la prière de ses adversaires,
au moment des procès,
rien qu'au moment des procès,
Et après lui avoir dit : « Soignez vos intérêts, »
Et sans vouloir lui permettre de se justifier,
Et pendant tout le temps du procès principal ;
2° Que c'est l'interdit qui a causé sa ruine ;

3° Et si Elle n'a voulu lever l'interdit qu'après sa ruine ;
4° Que devant la loi Elle est responsable des fonds confisqués par Guillaud et Flandrin, au moyen de l'interdit :
5° Que M. Théolière peut faire un Mémoire contre Mgr le cardinal, avec d'autant plus de raison, qu'à la grande surprise de tout le monde, il n'y a pas de tribunaux ecclésiastiques dans un diocèse comme Lyon ;

</td></tr>
</table>

6° Qu'à cause du Mémoire, Son Eminence peut lui refuser l'hospitalité de Vernaison, fondée par la libéralité du Clergé et par les revenus de l'Eglise de Lyon ; les 400 fr. que lui ont voté les prêtres, et l'admission à la Société de la Caisse ecclésiastique ;

6° Que quelque soit la forme de son Mémoire, on ne sait quel nom donner au refus de l'hospitalité à Vernaison que Mgr de Bonald n'a pas fondée tout seul, ni au refus des 400 f. que lui ont votés les prêtres, ni au refus de l'admettre dans la Société de la Caisse ecclésiastique.

7° Que M. Théolière est obligé de réparer l'honneur de Son Eminence, par une rétractation publique de ses écrits ;

7° Que joué depuis 14 ans, M. Théolière doit, surtout en faveur des créanciers, tenter tous les moyens légitimes de poursuivre Mgr de Bonald en dommages et intérêts devant les tribunaux compétents, d'après l'article 1382 du Code civil ;

8° Qu'à l'apparition de la 2ᵉ édition du Mémoire, Elle peut être juge en sa propre cause, et ne tenir aucun compte d'un appel au Pape ;

8° Que M. Théolière ayant prévenu le Pape qu'il allait faire paraître une seconde édition de son Mémoire, ce n'est pas au cardinal à être *juge en sa propre cause,* et à l'interdire pour une question qui est du ressort du Pape, leur commun supérieur ;

9° Que, par conséquent, malgré l'appel au Pape, en temps opportun, Son Eminence, a eu le droit de l'interdire pour son livre.

9° Que cependant, malgré l'appel au Pape en temps opportun, Son Eminence a dépassé sa juridiction en l'interdisant pour son livre.

Depuis longtemps déjà l'opinion publique s'est prononcée et s'indigne. Si quelques voisins du maître craignirent d'abord de lui déplaire en proclamant la vérité, ils ne tardèrent pas d'être mal payés de leurs ménagements. Ce fut quand ils virent le gardien de nos traditions ouvrir aux Rommaniaques les portes de Lyon, en dépit des exemples de Charles Borrhomée et de François de Sales, en dépit de l'affliction, du droit des Lyonnais, et d'un surcroît de combats pour les prêtres ; quand ils le virent avec certaines anti-confraternités romaines, empêcher, par une circonvallation contre le droit des gens, la supplique d'arriver à Pie IX, devant lequel son geste impératif imposa silence aux députés ;

L'homme sous le nom duquel les neveux ont voulu et veulent encore régenter Lyon, surtout en ce point de la liturgie ;

Et nostris illuserit advena regnis ;

L'homme que Dieu interrogera sur le bref du 17 mars 1864 ;

Qui a entendu sans rien dire, attaquer les curés de Lyon par l'évêque de Versailles, par des journaux, dangereux amis de la religion, par l'archevêque de Rouen en plein sénat ;

L'homme qui n'a tenu aucun compte de la bienveillante intervention de l'empereur, et qui nous présentant un bref subreptice, sans contrôle, veut avoir la gloire de démolir la plus belle liturgie du monde, non pas *sensim* mais aujourd'hui même, s'il le peut. Et pourtant le gouvernement français n'a pas voulu promulguer ce fameux bref.

Et Sa Sainteté a dit : J'ai versé beaucoup de pleurs à cause de ce bref, j'ai affligé le meilleur de mon Clergé. Une autre fois : Voilà plusieurs années que je suis la victime des intrigues contre le Clergé de Lyon. Elle aurait dit aussi : Je vais commander à Mgr de Bonald de remettre les choses comme elles étaient auparavant.

(Que S. M. l'empereur sache bien que les prêtres de Lyon sont reconnaissants envers lui, et prient pour lui avec beaucoup de ferveur.)

Mais le Clergé dit : « L'homme qui nous persécute est bien le même dont M. Théolière a tant lieu de se plaindre. »

Pour moi, je suis satisfait d'avoir rempli un devoir de charité et de

justice. Cette seconde édition aura-t-elle le même résultat que la première,
ou Son Eminence finira-t-elle par ouvrir les yeux? Je l'ignore.

> Mais les grands dans le ciel ont un juge sévère,
> L'innocent un vengeur et l'orphelin un père.
>
> (RACINE.)

Beati qui sitiunt et esuriunt justitiam; quoniam ipsi saturabuntur.
(Matt. 5.)

UN ÉCHANTILLON DE LA JUSTICE PAPALE

Rome prétend que l'infaillibilité réside au Vatican, et rien que au Vatican.
Tandis qu'Elle vise si haut, elle ne voit pas à ses pieds la couleuvre qui la
mord. L'attitude des esprits catholiques à l'égard de Rome, surtout la veille
du concile œcuménique, est comme celle qui avait lieu autour de l'urne du
scrutin dans les villes de la Grèce ou chez les anciens Romains, à la nomination des membres du Sénat. C'est le même mouvement, la même agitation. Athènes parlait ainsi à ses fondés de pouvoir:

« Acquittez-vous de votre mandat. Pour arriver où vous êtes, que n'avez-
vous pas fait et promis? Nous allons voir si c'est pour votre intérêt ou pour
le nôtre.

« Ministres de l'intérieur, de la guerre, etc., apaisez les gémissements,
guérissez les plaies, remédiez au pillage des trésors; la guerre a moissonné
tant d'hommes! Prévenez ce fléau, diminuez les impôts, protégez la liberté,
la religion; ramenez la confiance et la paix. Soyez réellement dévoués aux
intérêts de vos concitoyens, travaillez pour eux ou rendez votre portefeuille. »

Les catholiques ont l'honneur de présenter aussi au prince du Vatican et
à sa cour une adresse qui n'offre pas un caractère moins remarquable de
gravité. De tous côtés ce sont des vœux pour un renouvellement de ministère
au Saint-Siége, et voici en quels termes :

« Les Eminences romaines, en se faisant payer très-cher, sont loin de
« faire notre œuvre comme Pierre et Paul auxquels on ne pouvait rien faire
« accepter.

« Les bureaucrates pontificaux ont perdu leur considération. Nous ne
« nous arrêtons pas aux reproches de luxe, d'oligarchie entretenus, dit-on,
« par un denier que verse la veuve en se privant elle et ses enfants du né-
« cessaire. Il y a des griefs beaucoup plus graves : 1º leur brigandage
« liturgique; ils ont affligé la France en lui arrachant *per fas et nefas,*

« malgré ses cris de douleur, les œuvres de nos pères, parce qu'elles avaient
« le malheur de surpasser en beauté les prières de Rome.

« 2° Ils arrêtent les réclamations adressées au pape, ou ne font parvenir
« que celles qu'ils veulent. Notre patience est à bout et la mesure est à son
« comble. Il faut à la tête de notre administration des gens qui nous soient
« dévoués et *dévoués de bonne grâce*, occupés de la conservation de nos insti-
« tutions et monuments, des appels au pape, plutôt que du soin d'enrichir
« certains libraires et les neveux des évêques.

« Il nous faut des protecteurs auxquels nous puissions confier en sûreté
« tous nos intérêts.

« Nous voulons que le peuple et le clergé ne soient pas tout à fait étrangers
« à la nomination des évêques, laquelle est souvent le résultat des intrigues.

« Nous réclamons les tribunaux ecclésiastiques ou officialités.

« Les évêques veulent aujourd'hui gouverner seuls. Leur volonté se met
« au-dessus des chapitres, à l'annihilation desquels ils s'appliquent de tout
« leur pouvoir. C'est un vrai chancre que cette prétention. Cependant les
« administrés sont-ils faits pour leurs chefs, ou les chefs pour leurs adminis-
« trés? Il faut que les chapitres recouvrent les attributions que l'Eglise leur
« a données à Trente. Voilà ce que nous demandons au concile plutôt qu'au
« Saint-Siége qui ne nous inspire pas une confiance *au-delà des bornes*. »

Il est écrit que l'Eglise de Dieu *doit s'élever par dessus les collines* (Isaïe).
C'est une grande montagne qui remplit toute la terre (Daniel). Et comment?
ce n'est pas en faisant de la poussière. *Les rois des nations*, disait le Sauveur,
*leur commandent en maître, mais il n'en sera pas de même parmi vous, que le
plus grand soit le plus petit* (Luc).

Le premier pape a dit : *Il ne faut pas dominer.* Voilà un des points essen-
tiels du programme de l'Eglise dont on ne peut pas sortir.

Et comment cette montagne s'élève-t-elle? En faisant succéder la justice
à l'iniquité.

Or, ce qu'il y a de criant, et ce qui est devenu presque proverbial, c'est la
difficulté de se faire rendre justice à Rome. « Allez à Rome, dit-on à quelqu'un, quand on veut insulter à son impuissance. » M. Maurice, curé de
Neuvizy, diocèse de Rheims, et M. le docteur André, curé de Vaucluse,
ont-ils pu faire entendre leur requête à Rome. On répétait ces temps passés
un mot de Pie IX à un prêtre qui se plaignait de son évêque : « Prenez
garde à vous, je vous ferai enfermer au château Saint-Ange. »

Actuellement il se passe dans le département de la Loire, diocèse de Lyon,
un fait étrange. C'est un prêtre qui, depuis quinze ans, demande à être
jugé selon les formes de la justice, dans une question entre lui et son archevêque, et l'on dit de tous côtés que jamais il n'obtiendra justice du pape,
parce que Mgr de Bonald est un homme précieux pour le Saint-Siége sous
tous les rapports. Rome amusera ce prêtre, traînera l'affaire en longueur
tant qu'Elle pourra, et après la mort du cardinal, elle dira : Cela ne nous
regarde plus.

Pourquoi alors tant de zèle pour le denier de saint Pierre, s'il ne doit
aboutir qu'à nourrir des parasites? On apporte de l'or à ces grands sei-
gneurs, les voilà; et ils seront même peu exigeants pour le cérémonial.
Mais un opprimé a-t-il besoin d'eux pour obtenir justice contre son évêque?
Contre quel évêque? disent-ils. Contre un évêque qui est pour nous une
source de grâces. Plus personne à Rome pour l'opprimé.

N'a-t-on point de présent à faire,
Point de pourpre à donner? C'est en vain qu'on espère
Quelque refuge aux lois; encore leur ministère
A-t-il mille longueurs.

(LA FONTAINE, liv. XI, fol. 7.)

'Pour M. Théolière, on ne peut pas parler de la longueur d'un ministère dont il n'y a pas d'ombre.

Suivez bien les faits, et ne venez pas me taxer d'exagération.

Le 1er mars 1864, M. Théolière rappelle au pape qu'il lui a envoyé son Mémoire, et lui a écrit déjà plusieurs fois. (*Cri*, p. 312.)

A cette même époque Son Eminence était à Rome, consacrant tout son zèle au triomphe de la liturgie romaine. Rome ne répond rien à M. Théolière. Une lettre du 4 mars 1864 au cardinal Antonelli n'obtient pas plus de résultat ; mais une quinzaine de jours après arrivait le fameux bref contre le diocèse de Lyon.

M. Théolière voyant qu'il ne gagnait rien, fait en 1868 une deuxième édition de son livre ; mais avant de le faire paraître, il en prévient, le 26 mai, Mgr de Bonald qui, le 1er juin suivant, le menace d'interdit. Cinq jours après, et avant l'apparition du livre, M. Théolière en appelle au pape. Temps perdu ! Comment voulez-vous que Rome prenne fait et cause contre Mgr de Bonald qui tous les ans envoie un beau denier au Saint-Père. Donc pas de réponse à M. Théolière.

Le livre paraît et, en dépit de l'appel au pape et des règlements de discipline ecclésiastique, Mgr l'archevêque de Lyon prévient toute sentence papale et interdit M. Théolière le 30 juillet 1868, lui arrachant son dernier moyen d'existence (1). Rome est toujours silencieuse, et Elle si jalouse de ses droits, Elle ne les réclame pas en cette circonstance. M. Théolière écrit au nonce, récrit au pape. C'est peine perdue : paix et trève à celui qui amène l'eau au moulin. Aussi Son Eminence ne néglige aucun moyen pour acquérir auprès du Saint-Siége de nouveaux titres de recommandation. En 1869, Elle a *défini* l'infaillibilité personnelle du pape, de sorte que ce n'est pas encore le moment d'en appeler contre Elle.

M. Théolière persiste néanmoins à demander justice à cor et à cris. c'est tout comme s'il chantait.

Arma armis !

A chaque nouvelle réclamation, Son Eminence semble dire : Faisons encore quelque chose pour Sa Sainteté.

A l'époque des dernières lettres de M. Théolière au pape, *l'Echo de Fourvière* annonçait que Mgr de Bonald avait souscrit pour un ornement à offrir à Pie IX. Que de remparts à la fois !

M. Théolière eût-il l'intrépidité d'Annibal traversant les Alpes, jamais il ne pourra franchir tous les retranchements qu'on lui oppose : denier de saint Pierre, ornement pontifical, infaillibilité du pape *décidée*, liturgie romaine.

Son Eminence vient encore d'appuyer ses opérations liturgiques d'un édit pour faire écouler les missels, rituels et graduels romains, non pas revus avec soin, mais augmentés, qu'Adrien Leclerc a édités et dont personne ne veut.

Cette partie de la donation Charpentier qui, pour l'approbation de ces nouvelles prières, est allée probablement s'abîmer dans le gouffre des congrégations romaines et dans le voyage de M. de Serre à Rome, au lieu d'être employée à une maison de hautes études, serait donc anéantie ! Et Adrien Leclerc viendrait donc demander à Mgr le cardinal une indemnité pour les frais énormes exigés par l'impression de ces nouveaux livres qui l'embarrassent et pour lesquels il faut payer un loyer ? Non pas ! Les fidèles du diocèse de Lyon, pour être bons chrétiens, doivent payer les sottises de

____
(1) Dernière brochure, *Plus d'arbitraire*.

Mgrs de Bonald et de Serre. Le saint jour du Rosaire, le romain sera en usage dans les petits séminaires et en 1875 dans les paroisses.

A cause de ce zèle, on comprend facilement que Pie IX ait eu des paroles aigres et plus qu'inexactes pour flétrir les députés de Lyon, et dans leurs personnes un clergé trop honnête et modéré dans sa supplique; mais pour une parole d'équité, la *sancta sedes* n'en a pas en faveur de M. Théolière.

Ah! si ce prêtre avait à Rome les protections dont est pourvue Son Eminence, il obtiendrait un jugement. Mais il en est tout à fait dépourvu, quoiqu'il en faille là plus qu'ailleurs. Je dis plus qu'*ailleurs*, car Paris s'est occupé depuis longtemps de son affaire; et je sais de science certaine qu'il s'en occupe encore sérieusement. Paris fait la leçon à Rome.

De tous ces faits, la conclusion logique, rigoureuse, mathématique, est qu'aux yeux des tribunaux de Rome, la même action est juste ou injuste. selon qu'elle est d'un puissant seigneur ou d'un homme pauvre.

Voilà donc les œuvres de cette *sancta sedes* dont on fait tant retentir le nom. Des dénis de justice, des guerres intestines soulevées et entretenues comme s'il n'y avait pas une plus noble gloire à faire acquérir dans de plus nobles combats!

Jusqu'à quand l'argent et les présents aveugleront-ils les yeux des juges, et des plus hauts placés dans l'église. Mais où le bon droit est du côté de M. Théolière, ou non. Ou les raisons qu'il donne sont suffisantes, ou non. Que le Saint-Siége examine donc si c'est trop de présomption de sa part oui ou non, et en quoi. Avant toute discussion de faits, son devoir est d'abord de prononcer publiquement que l'interdit du cardinal pour le *Cri d'une Victime*, ne doit pas, vu l'appel au pape en temps et lieu, l'empêcher de dire la messe; car comment doit-il faire pour manger du pain, et pourra-t-il remplir un emploi sans scandale pour les âmes timorées, qui ne savent pas le droit canon et la nullité de cet interdit? Ensuite, le Saint-Siége prononcera sur sa question selon la justice, et s'il est en droit de faire son livre. Mais qu'il prononce, car le laisser languir si longtemps, c'est l'accabler doublement. Allez en Turquie, chez les arabes, les chinois, etc., et pas un tribunal qui se respecte ne laissera dormir une question aussi grave de justice pendant six ans.

Pie IX ne s'est pas fait attendre si longtemps pour répondre à Mgr l'archevêque de Paris : « Dans votre discours au Sénat, lui dit-il, vous avez « taxé d'abus les appels au Siége apostolique, vous attaquez le droit qu'a « tout fidèle d'en appeler au pontife romain. Non, vénérable frère, nous « n'aurions jamais pu vous supposer animé de pareils sentiments. Votre « plainte contre le droit d'appel excite notre étonnement. » Lettre du 26 octobre 1865. *Mémorial de la Loire,* 10 mars 1869.

Cependant, à part quelques idées *ultra-gallicanes* de Mgr l'archevêque de Paris, il faut lui rendre une justice : il a sauvé son diocèse du brigandage des Rommaniaques qui en sont devenus furieux. Voilà pourquoi les choses sont allées si vite. Celui qui en avait appelé au pape contre lui, était un ultramontain forcené, Mgr de Ségur, lequel n'eût pas vu revenir l'inquisition avec déplaisir, et tout en sachant se couvrir des formes de bénignité. Faudrat-il donc tout à l'heure défendre la monarchie absolue du pape avec sanction de prisons et de bûchers, si l'on veut avoir sûrement droit d'appel auprès du représentant de l'Agneau de Dieu? Car un homme faible, accablé, un sujet d'un très-puissant archevêque ultramontain, M. Théolière ne suivant pas les errements du journal l'*Univers*, a beau se plaindre, crier, en appeler, on n'entend pas. Voilà quinze ans qu'il souffre, et 6 ans qu'il demande justice au pape.

C'est en vain qu'il espère
Quelque refuge aux lois,

Aussi l'on dit que la cour du pape sent mauvais à cent kilomètres de loin. Nous nous en apercevons bien, nous qui en sommes à douze cents. Et pourtant qu'est-ce que Dieu demande davantage que la protection des persécutés. Recherchez le jugement dit le Seigneur. (Isaïe I. Baruc III, 36, 37.) Prenez en main la cause de l'opprimé ; oui, malgré les nombreux labeurs et l'infatigable vigilance que cela exige. Recherchez au milieu des ténèbres qui obscurcissent la justice : les présents, l'ignorance, l'influence des grands, la honte, la peur, l'acception des personnes, au milieu de tout cela il faut être ferme. « Délivrez celui que l'injustice accable. » Et cela sous peine de la plus terrible malédiction. « Si vous résistez et si vous refusez de m'entendre, « le glaive vous dévorera. Cette ville était destinée à être le sanctuaire de la « justice..... mais maintenant vos princes sont les compagnons des voleurs ; « ils recherchent les présents, n'en sont que pour les rétributions, et ils ne « jugent pas la cause du faible. » Voilà pourquoi le glaive les dévorera.

Garibaldi n'avait-il pas essayé de démontrer la vérité de ses menaces? Rien d'aussi frappant que ce fait sinon l'illusion où Rome s'entretient, fermant les yeux comme Jérusalem au temps de Nabuchodonosor, et croyant être maîtresse de ces cœurs dont les rois sont plus jaloux que de tout le reste. Pendant que l'appel d'un opprimé demeure à Rome, dans la corbeille des paperasses au rebut, que les diocèses atteints de la liturgie romaine sont sens dessus dessous, le pape condamne ceux qui disent que la *sancta sedes* a causé des maux dans l'Église (encyclique du 8 décembre 64 ou 65). Il dit à l'archevêque de Paris : Vous êtes *inondé des lumières du siége apostolique*. Et l'on sait le mot du cardinal Fesch aux congrégations romaines : « Vos formes dures et acerbes envers Lamennais vont être cause de sa perte. »

Et nous, catholiques de France, nous disons : *Seigneur, sauvez-nous, nous périssons* dans une inondation romaine, plus épouvantable que celle du Rhône. Une foule d'intrigants et de flatteurs, grâce à leur zèle pour la dévastation de l'Eglise de France, pénètrent jusqu'aux plus hautes places, et deviennent les fléaux de leurs administrés. Pour l'homme vertueux, mais attaché à l'honneur de son Eglise, on l'enfermerait plutôt au château Saint-Ange que de le faire monter plus haut ou de lui rendre justice.

La vérité est crucifiée entre deux voleurs. Mon Dieu nous ne sommes pas des révolutionnaires, nous ne demandons que ce qui est dans l'ordre ! Si quelque chose devait nous empêcher d'élever la voix, ce ne serait pas la pourpre des cardinaux, ni toutes ces marques de distinctions qui ne semblent faites que pour nous intimider et jeter un nuage sur leurs qualités personnelles ; mais qui, par un juste retour, entravent, embarrassent et rassasient à la fin du compte ceux qui en sont revêtus, sans attendre le jugement de l'histoire et surtout celui de Dieu ; toute cette splendeur, aux yeux des hommes sensés, n'est qu'une bulle d'air qui éclate ; mais il est une vérité qui demeure et qu'il ne faut pas perdre de vue : c'est vers le faible que Dieu jette de préférence ses regards ; et ne pas rendre justice à l'homme pauvre, c'est blesser l'Être suprême à la prunelle de l'œil. Est-ce que tous les hommes étant égaux devant Dieu (sauf le mérite personnel), ne le seraient pas devant celui qui a la prétention d'être son premier représentant et l'infaillibilité personnifiée? Le pape nous écrit qu'il veut ramener tous les dissidents par le concile. Et c'est ainsi que la *sancta sedes* prépare les esprits.

Et voilà comment sa justice s'élève pardessus les collines et paraît une grande montagne, et que *sa lumière inonde* l'univers! Il faudrait, quand on n'a pas le sentiment de la justice, au moins sauver l'honnêteté publique. Que répondra le Saint-Siége à ses nombreux adversaires qui ne demandent que des questions de ce genre et des prétextes pour rire de l'Eglise et lutter contre Elle? Que les cardinaux du Sacré Collége jugent eux-mêmes si, vu les lois de l'Eglise dont ils se disent dépositaires et exécuteurs, nous n'avons pas droit d'attendre mieux, ou plutôt si nous devions nous attendre à cette indifférence.

Le temporel les préoccupe. L'opprimé défendu serait un appui plus ferme que les troupes les mieux armées. A les croire, ce n'est qu'une blessure légère. Mais en la guérissant, ils guériraient non pas une mais un grand nombre de blessures, tandis que en la négligeant, ils la laissent prendre d'effroyables proportions, précisément chez ceux qui savent raisonner. De même qu'un insecte a souvent fait périr un grand arbre en le piquant à la racine, de même en méprisant ce qui leur paraît un petit rien (si toutefois un prêtre qui en appelle auprès d'eux depuis six ans est un rien), ils ruinent leur empire et déshonorent leur dignité. Il n'est pas surprenant que la révolution de Rome arrivant ait cherché à trancher la tête au despotisme épiscopal, comme l'ancien romain abattait la tête aux pavots de son jardin.

BOYER.

Saint-Etienne, imp. Montagny, rue de Lodi, 2, et rue Gérentet, 14.

Parmi les renseignements qu'on m'a envoyé, voici l'opinion d'un poète qui ne m'a pas dit son nom.

ÉPITRE A L'ABBÉ THÉOLIÈRE

A L'OCCASION DE SON LIVRE INTITULÉ : **Cri d'une Victime du despotisme et de l'arbitraire épiscopal substitués au droit canonique.**

La victime a crié, mais le bourreau se taît.
Il se taît à bon droit, sachant ce qu'il a fait.
Il sait qu'il a produit un tort irréparable
En frappant l'innocent d'un interdit coupable ;
Il sait que si par lui ses torts sont reconnus,
Il faut s'exécuter et compter des écus ,
Pour réparer par l'or les faits de l'arbitraire.
Mais le bourreau blasé n'en veut, hélas ! rien faire.
La victime à loisir peut se plaindre et crier,
Le bourreau , lui, prétend n'avoir rien à payer.
Pour payer, il faudrait avouer une chose
Qu'il reconnaît tout bas, mais qu'en public il n'ose
Ni ne veut avouer : qu'il se serait trompé
Et que l'innocent fut injustement frappé
Par lui maître et tyran qui ne se gêne guère
Pour lancer des décrets d'une main arbitraire,
Vu qu'il n'existe plus ni règles ni canons
Pour mettre un frein légal à ses prétentions.
Puis d'ailleurs, à ses yeux, n'est-il pas infaillible !
La victime a donc tort de se montrer sensible,
De se plaindre si fort, de pousser les hauts cris,
Dans le but évident d'attirer les mépris
Sur les actes et faits d'un pouvoir légitime,
Se croyant dans son droit de faire une victime
D'un homme qui défend devant les tribunaux
Ses droits bien constatés par des titres légaux
Hautement compromis par la coquinerie
D'un Flandrin, d'un Guillaud, compère et compagnie.
Le bourreau n'entend pas ; il est sourd à bon droit.
Il comprend à merveille et puis d'ailleurs il voit
D'un œil intelligent l'horrible conséquence
D'un aveu formulé d'après sa conscience.

Il voit son casuel s'éloignant de ses mains,
Son honneur compromis, comme si les humains
Ne savaient pas qu'un homme et même homme d'église
Ne pouvait pas parfois faire quelque bêtise,
Marcher un peu trop vite, ou bien frapper trop fort.
Exagérer son droit et se mettre en son tort.
Il se voit du pays la risée et la fable,
Il voit de ses neveux la mine pitoyable.

. . . .

. . . .

Dire qu'on s'est trompé ! Mais quelle absurdité !
Quand on est l'homme-loi, l'homme d'autorité.
N'est-on pas quelque peu comme un dieu sur la terre,
Auquel il est permis de vouloir et de faire,
Et surtout si l'on est comme lui cardinal,
A loisir, à son choix, ou le bien ou le mal,
Sans que l'on ait le droit d'y trouver à redire?
Sur ces principes-là le remords se retire,
La paix du réprouvé se produit dans le cœur,
Et le soir l'on s'endort sans reproche et sans peur.
Des richesses d'autrui la conscience est pure,
On n'a donc rien à rendre ; et si, par aventure,
Le prochain a souffert dans ses biens, son honneur,
Ce n'est ni plus ni moins rien autre qu'un malheur
Qui dans l'intention fut bien loin d'être un crime.
C'est donc sans fondement qu'on se pose en victime,
Qu'on crie à l'injustice aussi bien qu'au bourreau.
Du reste ces cris-là n'offrent rien de nouveau,
Puisque dans tous les temps, sous tous les cieux du monde,
Les coupables punis dont cette terre abonde
Ont toujours renié leur culpabilité,
Pour blâmer non les lois, mais bien l'autorité
Qui doit les appliquer avec intelligence,
En châtiant le vice et sauvant l'innocence.
Ce pouvoir, il est vrai, peut se tromper parfois,
En mettant l'arbitraire à la place des lois.
Mais quel crime voit-on dans un homme qui lance
Un injuste interdit, s'il suit sa conscience?
Il a fait une erreur qui ne l'oblige à rien.
S'il a fait quelque tort à quelqu'un dans son bien,
Du dommage produit il reste irresponsable.
C'est ce que les flatteurs qui fréquentent leur table
Ne manquent pas de dire à ces autorités.
Ces autorités-là prennent pour vérités

Ces explications et ces grossiers sophismes
Qui vont d'ailleurs si bien à tous les népotismes.
Il ne faut plus parler de restitution,
D'équivalent en fait de réparation.
On s'endort crânement dans un doux quiétisme,
Aux applaudissements d'un nombreux népotisme.
Et quant à la victime immolée au pouvoir,
On la laisse crier sans s'en apercevoir.
Mais Dieu l'entend au ciel et lui promet vengeance..
Pour la faire bientôt, l'éternité s'avance.
Les faux raisonnements près de Dieu n'ont pas cours.
La justice chez lui dominera toujours.
Il est impartial et de plus infaillible.
Ce qui rend sa justice en droit inaccessible
A la corruption, tout aussi bien qu'en fait.
A ses frais le bourreau verra ce qu'il en est,
Devenant à son tour et de droit la victime
Par un revirement subit et légitime.
Qu'il dorme en attendant tranquille sur les faits;
Lesquels ont amené la perte des procès;
Le réveil n'est pas loin ainsi que la lumière,
Car il touche de près à son heure dernière.
Le grand Juge du ciel lui montrera ses torts,
Ces refus de justice et ces nombreux remords
Qu'il étouffa quinze ans, malgré sa conscience
Qui réclamait en vain contre sa persistance
A vouloir se montrer et paraître innocent
Aux yeux de ses flatteurs, vu qu'il était puissant,
Et que l'autorité doit se croire infaillible
Et par conclusion se montrer insensible
Aux murmures plaintifs qu'engendrent les procès
Que l'interdit fait perdre, arrivés au palais.
Sur ces considérants console-toi, victime;
Ton interdit pour moi ne fut jamais un crime :
Il fut tout au contraire un bon titre d'honneur
Qui t'a fait une estrade au milieu de mon cœur.
Reçois mes compliments sur ton rare courage
Qui n'est plus de nos mœurs, ni même de notre âge.
On aime à rencontrer un homme comme toi
Qui reproche au puissant d'anéantir la loi
Pour lui substituer un inique arbitraire,
Continue à crier. On ne doit pas se taire
Pour rendre circonspect le despotisme affreux
Qui pèse, hélas! sur nous et qu'un jour nos neveux

Ramenés sous la loi ne pourront pas comprendre.
Tes cris plaintifs, vengeurs, fais-les toujours entendre.
Peut-être par tes cris ouvriras-tu les yeux
A l'altier cardinal, s'il veut aller aux cieux.
Peut-être sur le point de quitter ce bas monde,
Te fera-t-il cadeau de quelque somme ronde
Pour te dédommager des maux qu'il t'a causés.
Je dis peut-être, hélas! Avec les cœurs blasés
On ne peut pas avoir de grandes espérances.
Que peut-on espérer avec des consciences
Comme nous les dépeint l'apôtre des gentils?
Mais s'il ne te rend rien, il trouvera les grils.
Continue à crier : il craint encore le diable;
Il a de son enfer une peur effroyable.
Mais s'il ne te rend rien, il est sûr que l'enfer
Deviendra son séjour comme pour Lucifer.
La bonne foi ne peut lui venir en excuse.
Sur ses faits, sur tes dits, en aveugle il s'abuse.
Il a fermé les yeux et dit qu'il ne voit pas
Qu'il se trouve obligé de réparer ton cas.
Mais Dieu les ouvrira, Dieu fera la lumière.
Mais ce sera trop tard. L'aveugle volontaire
Se verra dans l'enfer enfermé pour jamais,
Maudissant et neveux et ...... et procès.
Pour lors il comprendra ce qu'il aurait dû faire
Pour éviter l'enfer, séjour de la misère.
Trop tard pour lui, trop tard; affreuse vérité
Qu'il y méditera pendant l'éternité,
Sans obtenir jamais que son malheur finisse,
Et sans même espérer un terme à son supplice.
On sait que quand Dieu damne à perpétuité,
On brûle dans l'enfer pendant l'éternité!

M. X.....

Saint-Etienne, imp. Montagny.

[...] douze ans, M. Théolier attend [...] même [...] sous
la protection des lois ecclésiastiques. Ce n'est pas [...]
[...] pour reprendre un livre qui a été déjà annoncé. *Rapport à N...*

Le *Cri d'une âme* nous fait suivre les péripéties par où passe, depuis
longtemps, son auteur, obligé d'aller frapper à la porte des cures, au risque
[...] son affaire aux cerbères implacables. Les courtisans n'ont pas trouvé
cependant de qualifications assez amères contre son livre. Mais tout le
monde n'est pas courtisan. Aux yeux de la saine critique, le *Cri d'une
âme* est une étude de mœurs, et, en même temps, un cours de droit
[...] en son genre, où l'étude des lois et des canons de l'Église si peu
attrayante par elle-même, devient intéressante au milieu des faits variés
qu'il raconte. C'est l'utile et l'agréable réunis ensemble. Dans quelque
temps d'ici, cet ouvrage, tout à fait classique pour les ecclésiastiques,
sera entre les mains de tous les canonistes. Et même c'est un livre pour
tous les hommes *sérieux*, juge, avocat ou notaire.

Il est vrai qu'il ne fait pas toujours des compliments aux évêques. Ils
s'en font assez mutuellement, et se soutiennent assez entr'eux. Il n'est
pas jusqu'à la *Théologie* de Bouvier qui ne sente l'adulation. Saint Paul
a dit : Malheur à moi si je n'évangélise pas !

Mais Bouvier a quelque chose de plus nouveau à nous apprendre. C'est
la loi civile et l'usage général qui ont tempéré la loi sur la visite épiscopale. Au lieu de la paternité religieuse qui devrait être traitée en première ligne, que voyons-nous ? Une dissertation *sur le lieu le plus élevé,
que doit occuper un évêque dans son église, sa dignité,* etc.; *sa puissance,*
etc.; les noms de Monseigneur, Votre Grandeur, Votre Altesse ou Majesté,
magnitudo, amplitudo, celsitudo. Vanité des vanités.

Il est heureux qu'il se rencontre des hommes courageux pour rappeler
à un chef ses devoirs, ce chef fût-il évêque, cardinal ou pape, et qui lui
répète ces mots qui devraient être écrits au-dessus de la porte seigneu-
riale, à la place des écussons sculptés à grands frais :

Philippe, souviens-toi que tu es homme et mortel.

BOYER